KB071573

영유아 언어지도

| 김경의 · 김민정 · 이선경 공저 |

학지사

머리말

이 책은 저자들이 현장에서 영유아에게 언어활동을 지도했던 실제 경험을 바탕으로, 후배들과 제자들이 언어교육에 대해 더 쉽게 다가설 수 있었으면 하는 바람으로 집필하기 시작하였다. 영유아기는 경이로울 정도로 언어발달이 이루어지는데, 하루가 다르게 발달해 가는 '듣기-말하기-읽기-쓰기'의 언어발달을 격려하며 지원했던 경험은 교사로서 매우 뜻깊고 소중한 시간이었다. 예비교사들이 이후 유치원과 어린이집의 교사가 되어 언어지도를 할 때 가장 필요한 것이 무엇일까를 고민하면서, 기본적이고 꼭 알아야 할 전문적인 내용을 포함시키고자 노력하였다.

이 책은 언어지도의 이론과 실제 부분을 포괄하여 총 3부로 균형 있게 구성하였다. '제1부 영유아 언어지도의 이해'에서는 언어의 기초, 언어습득 이론, 언어교육 접근법, 영유아 언어발달, 언어발달에 영향을 주는 요인 등을 다룸으로써 언어발달의 다양한 관점에 대해 최신 경향을 반영하여 핵심적으로 요약하였다. '제2부 영유아교육기관에서의 언어지도'에서는 표준보육과정과 누리과정에 입각한 영유아 언어지도의 내용 및 교수방법, 영유아교육기관에서의 언어활동과 평가방법을 다룸으로써 이론과 실제를 영아기와 유아기로 나누어 구성하였다. '제3부 영유아 언어지도의 실제'에서는 보다 효과적인 언어교육을 위해 현장에서 실시할 수 있는 구체적 활동을 소개하였다.

영유아가 적절한 언어발달을 통해 보다 행복하게 살아갈 수 있도록 풍부한 환경을 지원하는 내용을 담으려는 마음에서 시작한 이 책이 앞으로 현장에서 영유아교사를 꿈꾸는 분들에게 도움이 되었으면 한다.

이 책이 나오기까지 끊임없이 관심을 가져 주시고 출판을 위해 애써 주신 학지사 관계자 여러분께 진심으로 감사드린다. 아울러 바쁜 일정 속에서도 항상 웃으면서 작업을 했던 우리 스스로와 묵묵히 지켜봐 준 가족들에게 감사의 마음을 전한다.

2015년 2월
저자 일동

차례

제1부
영유아 언어지도의 이해

제2부 영유아교육기관에서의 언어지도

제3부
영유아 언어지도의 실제

제**1**부

영유아 언어지도의 이해

제1장 **언어의 기초**

1. 언어의 정의

언어는 인간을 다른 동물과 구별해 주는 인간 특유의 고유한 것이다. 인간의 발성기관, 지능, 언어를 처리하는 뇌 등은 인간만이 언어를 사용한다는 것을 보여 주는 증거다.

또한 언어는 인간의 사고와도 밀접한 관계가 있다. 언어는 의사소통과 사고과정의 필수적 조건으로서 언어를 통해 세계를 파악하고, 그 언어에 고유한 삶의 태도와 정서, 정신을 형성하며 인격을 완성해 간다(정영근, 1999).

그렇다면 언어란 무엇인가? 이러한 질문에 다양한 정의가 존재하였는데, 이는 언어가 한마디로 정의하기 어려운 다양한 속성을 가졌음을 나타낸다.

- 인간만이 언어를 습득하여 쓸 수 있는 내적 기제를 가졌다는 점을 보여 주는 정의는 다음과 같다.
  - 언어는 인간이 가지고 태어난 생득적 언어능력이 주위의 환경을 통해 성숙된 것이다(Chomsky, 1986).

- 언어를 의사소통을 위해 사용하는 기호나 상징체계로 보는 관점에서의 정의는 다음과 같다.
  - 정보를 전달하기 위한 상징의 조직적 체계다(Bromley, 1988).
  - 언어란 인간이 의사소통의 목적으로 사용하는, 음성이나 문자로 나타낸 기호 체계다(유아교육사전, 1997).
- 언어를 인간사고발달의 중심적인 역할로 보는 관점에서의 정의는 다음과 같다.
  - 언어는 경험과 사고를 합리적·의도적으로 전달하는 매개체다(Vygotsky, 1985).
  - 언어는 인간의 공동체 의식과 고등정신기능을 획득하게 하는 도구다(Weisgerber, 2004).

이상을 종합해 보면, 인간의 언어는 의사소통을 위해 음성이나 문자를 가지고 생각과 감정을 표현하는 사회 공동의 인습적인 상징체계이며, 인간은 언어를 통해 세계를 파악하고, 정신을 형성해 간다고 말할 수 있다.

2. 언어의 구조와 구성요소

언어는 여러 가지 구성요소가 합의한 규칙에 따라 조합되는 매우 복잡한 의사소통체계다. 언어의 구조는 이러한 규칙을 말한다.

1) 언어의 기본요소

언어의 기본요소는 음소, 음절, 낱말, 문장으로 음소가 모여 음절이 되고, 음절이 결합하여 낱말을 이루며, 낱말이 연결되고 조직되어 문장을 이룬다.

(1) 음소(phoneme)

가장 작은 소리의 단위로, 음소는 한 음소와 다른 음소들이 결합될 때만 의미를 가진다(예: 강=ㄱ,ㅏ,ㅇ / 바지=ㅂ,ㅏ,ㅈ,ㅣ). 그리고 초성의 'ㅇ'은 음소의 개수에서 제외된다(예: 우리=ㅜ, ㄹ, ㅣ).

또한 첫 음소나 끝 음소가 바뀌면 의미가 변한다(예: 강 → 방, ㄱ → ㅂ / 상 → 산, ㅇ → ㄴ).

(2) 음절(syllable)

음소가 모여 이루어진 발음의 최소 단위로, 우리말은 자음과 모음이 결합하여 하나의 음절을 만들고 음절이 하나의 글자를 이룬다. 음절은 초성, 중성, 종성으로 나누어지는데, 받침이 없는 글자(예: 자음+모음 → 나, 모 / 모음 → 아, 오)와 받침이 있는 글자(예: 자음+모음+자음 → 공, 별 / 여러 개의 자음과 모음 → 값, 밝)가 있다.

(3) 형태소(morpheme)

의미를 지닌 최소 단위로, 분해하면 현재 가지고 있는 의미가 없어진다. 형태소는 어휘적 형태소와 문법적 형태소로 나뉜다. 어휘적 형태소는 명사, 동사, 형용사, 부사와 같이 독립적으로 뚜렷한 의미를 가지고 낱말로 홀로 쓸 수 있는 형태소다. 문법적 형태소는 격조사(에게, 을, 를)나 형용사, 동사의 어미(-할, -었-)와 같이 다른 형태소와 조합을 이루어 형태소 간의 문법적 관계와 의미를 명백히 해 주는 역할을 한다.

(4) 단어(word)

문법상의 뜻과 기능을 가진 최소 단위로, 어휘적 형태소가 단독으로(바지, 주머니) 또는 다른 형태소와 합쳐져서 이루어진다(예: 바지+주머니=바지주머니).

(5) 문장(sentence)

낱말들이 일정한 규칙에 따라 연결되고 조직된 모양으로, 사고나 감정을 말이나 글로 표현할 때 완결된 내용을 나타내는 최소 단위다. 대부분 주어와 술어를 갖추고 있지만, 한 낱말의 문장도 존재한다(예: 밥! → 배가 고파요. 밥을 주세요).

2) 언어와 언어학

언어는 소리(음성)와 뜻(의미)을 연관시키는 의사소통수단으로, 형식(form), 내용(content), 사용(use)의 세 가지 구성요소로 이루어져 있다(Bloom & Lahey, 1978). 언어학자들은 언어를 더 잘 이해하기 위해 음운론, 형태론, 통사론, 의미론, 화용론의 다섯 가지 영역을 연구 대상으로 하는데, 음운론, 형태론, 통사론은 형식에, 의미론은 내용에, 화용론은 사용에 해당한다.

(1) 음운론(phonology)

소리의 체계를 연구하는 분야로, 말소리의 특성, 배분, 순서를 지배하는 규칙 및 소리의 이해 등을 포함한다.

(2) 형태론(morphology)

단어의 구조를 연구하는 분야로, 단어를 구성하는 형태소에 대한 분석과 이해 등을 포함한다.

(3) 통사론(syntax)

문법체계를 연구하는 분야로, 문장의 형태나 구조를 지배하는 구문 규칙의 이해와 적용 등을 포함한다.

(4) 의미론(semantics)

언어의 소리가 어떻게 실제 세계 및 생활 경험과 연결되는지 그 의미체계의 이해를 연구하는 분야로, 언어의 의미와 내용을 지배하는 규칙 체계를 이해하는 것과 관계가 있다.

(5) 화용론(pragmatics)

사회적 상황에 적절한 발화의 산출을 연구하는 분야로, 의사소통의 맥락 내에서 언어 사용과 관련된 사회적 · 언어적 규칙의 이해와 활용 등을 연구한다.

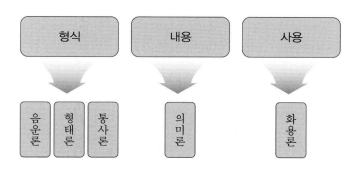

[그림 1-1] 언어학의 구성요소

3. 언어의 형태

언어는 말하기, 듣기, 읽기, 쓰기의 4가지 형태로 구성되어 있다(Bromley, 1988). 말하기는 자신의 사고나 느낌에 대해 음성을 매개로 표출하는 행위로, 발음, 문법규칙, 경어법 등에 대한 이해를 포함한다. 듣기는 형식적 듣기(발음, 억양, 태도, 말의 구조 등)와 내용적 듣기(말의 줄거리, 주제 등을 이해, 분석, 종합, 비판)로 구분된다. 읽기는 이해, 분석, 종합, 판단의 인지적 행위까지 포함하는 복잡한 과정이다. 쓰기는 말을 글자로 옮기거나 써진 글자를 보고 베껴 쓰는 수준에서

부터 글짓기를 하는 수준까지 포함한다.

이러한 4가지 형태는 전달 수단과 전달 과정에 따라 다음과 같이 다시 구분할 수 있다.

1) 전달 수단에 따른 분류

말소리를 통한 청각적 의사소통인지, 글을 통한 시각적 의사소통인지에 따라 음성언어와 문자언어로 구분된다.

- 음성언어(말소리 언어): 듣기, 말하기
- 문자언어(글자 언어): 읽기, 쓰기

2) 전달 과정에 따른 분류

상대방을 받아들이는 입장인지, 상대방에게 표현하는 입장인지에 따라 수용언어와 표현언어로 구분된다. 외부로부터 받아들이는 정보의 해석 기능이 요구되는 것은 수용언어이고, 의미를 전달하는 기능이 요구되는 것은 표현언어다.

- 수용언어: 듣기, 읽기
- 표현언어: 말하기, 쓰기

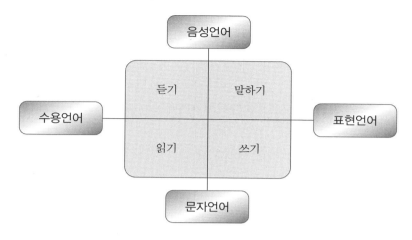

[그림 1-2] 언어의 형태

4. 언어의 기능

할리데이(Halliday, 1973)는 음성언어와 문자언어를 포함하여 도구적, 통제적, 상호작용적, 개인적, 발견적, 상상적, 정보적인 7가지 언어의 기능을 설명하였다.

1) 도구적 기능(instrumental function)

자신의 욕구를 충족시키기 위해 언어를 사용한다. 광고 읽기나 음식점에서 메뉴판 읽기 등이 이에 속하며, 유아기에는 도구적 기능을 많이 사용한다.

▶ 예: "더워요. 물 주세요."

2) 통제적 기능(regulatory function)

타인의 행동을 통제하고 조정하기 위해 언어를 사용한다. 교구 사용에 대한 지침, 함께 활동 시 지켜야 할 약속과 규칙이 이에 해당한다.

▶ 예: "화장실에서는 한 줄로 서 주세요."

3) 상호작용적 기능(interactional function)

타인과 대인관계를 형성하고 상호작용하기 위해 언어를 사용한다. 편지와 카드 쓰고 답 보내기 등이 이에 속한다.

▶ "선생님, 안녕하세요."

4) 개인적 기능(personal function)

자신의 의견이나 감정을 표현하기 위해 언어를 사용한다. 말로 표현하거나 써 보는 것이 이에 해당한다.

▶ 예: "나는 초록색이 정말 좋아요."

5) 발견적 기능(heuristic function)

주변 환경을 탐색하고 질문하고 이해하기 위해 언어를 사용한다. 탐구 영역에서 관찰한 것 쓰기 등이 이에 속한다.

▶ 예: "이것은 무엇인가요? 왜 이렇게 생겼어요?"

6) 상상적 기능(imaginative function)

상상이나 창의성을 표현하기 위해 언어를 사용한다. 이야기 꾸미기가 이에 해당한다.

▶ 예: "만약에 내가 …라면?"

7) 정보적 기능(informative function)

아이디어나 정보를 전달하고 표현하기 위해 언어를 사용한다. 사전 만들기, 우리 반 전화번호부 만들기 등이 이에 속한다.

▶ 예: "이 책은 …을 알려 주고 있어요." "모르는 부분은 함께 책을 찾아보자."

5. 언어의 특성

언어는 체계성, 임의성, 추상성(상징성), 이원성, 생산성, 가변성 등의 중요한 특성을 갖고 있다.

1) 체계성

일정한 규칙과 순서에 따라 체계적이다.

▶ 예: 문법(한글의 어순=주어+목적어+동사, 영어의 어순=주어+동사+목적어)

2) 임의성

말과 글의 형식과 의미가 사회 공동의 함의와 관습에 따라 임의적으로 약속되어 있다.

▶ 예: 돼지(우리말)와 Pig(영어)

3) 추상성(상징성)

사물이나 경험 자체가 아니라 인간의 표상적 사고에 의해 의미가 부여된다.

▶ 예: 사과(문자)와 실제 사과는 모양이 유사하지 않음.

4) 이원성

소리의 체계와 의미의 체계가 분리·독립되어 있다. 소리는 동일하지만 의미가 다를 수 있고, 의미는 같지만 소리가 다를 수 있다.

▶ 예: 신체 부위인 '배'와 과일 '배', 잠을 '자다'와 '주무시다'

5) 생산성

단어와 문장의 조합에 의해 셀 수 없이 다양한 표현이 가능하다. 단어의 수가 제한되고 문법 규칙이 있지만 새로운 문장을 수없이 만들어 낼 수 있다.

▶ 예: 먹다 → '먹었다' '먹을 것이다' '먹었습니까?' 등으로 생산

6) 가변성

사회적 요구와 필요에 의해 영향을 받으며, 시간이 흐름에 따라 변화한다.

▶ 예: 사라진 고대 언어, 신조어(컴맹), 복수 표준어(자장면, 짜장면)

6. 언어의 중요성

언어가 인간에게 미치는 중요한 역할들을 살펴봄으로써 영유아 언어교육의 중요성을 이해할 수 있다.

1) 인간 사고 발달의 중심적인 역할

피아제(Piaget)와 비고스키(Vygotsky)는 언어와 사고의 관계와 중요성에 대해 이야기하였다. 즉, 사고가 언어발달에 영향을 주고, 언어가 사고에 영향을 주는 상호작용을 통해 영유아는 스스로 발달해 간다.

2) 사회적 관계의 형성과 유지 · 발전

언어를 통한 의사소통은 대인관계 형성에 영향을 주고, 나아가 사회적 관계에 영향을 주게 된다. 인간은 언어가 존재하기 때문에 사회적 관계를 형성하고 유지 · 발전시킬 수 있다.

3) 문화의 생성과 발전 · 계승의 수단

인간은 언어를 통해 문화를 전달하고 교환하며, 서로 영향을 준다. 시간이 흐르고 공간이 바뀔지라도 문화는 언어를 통해 생성되고, 발전 · 계승된다. 또한 언어는 의사소통의 수단이자, 그 이상의 것을 내포하고 있다. 즉, 생각이나 생활양식 등의 문화를 전달하는 도구일 뿐만 아니라 언어 그 자체가 문화에 속하기도 한다.

4) 인간 존재의 양식과 질에 영향

언어는 인간 생활의 모든 면에 직 · 간접적으로 관여하고, 인간 존재의 양식과 질을 좌우한다. 왜냐하면 언어는 언어기술 자체의 발달뿐만 아니라 정보획득, 사회적 상호작용, 갈등 및 문제해결, 자신의 생각 전달, 다른 사람의 생각 파악 등에서 중요한 역할을 하기 때문이다.

제2장 **언어습득 이론**

언어습득 이론은 영유아가 듣고, 말하고, 읽고, 쓰는 언어를 어떻게 습득하고 발달시키는지 그 과정을 설명해 준다. 대표적인 언어습득 이론은 행동주의, 생득주의(성숙주의), 상호작용주의다. 이러한 이론들은 언어습득과 언어발달에 대해 서로 다른 시각을 보여 준다.

각각의 이론이 일반적으로 어떠한 견해를 가지며, 특히 언어습득에 있어서는 어떠한 견해를 가지고 있고 그 이론의 대표적인 학자는 누구인지 살펴보면 다음과 같다.

1. 행동주의

1) 행동주의 견해

행동주의는 환경적 요인을 발달의 중요한 요소로 생각하며, 모든 학습은 경험의 결과라고 본다. 유아가 새로운 개념이나 기술을 배울 준비가 되었는지는 사전 경험의 유무에 달려 있다. 바람직한 행동을 학습하면 긍정적 강화를 하고, 그렇지 않은 행동을 하면 무시 등의 방법을 사용하여 선택적 강화를 한다. 행동주의에서는 학습의 과정에서 유아가 실수를 하게 되면 더 단순하게 가르치거나 더 많은 연습이 필요하다고 판단한다.

2) 언어습득에 대한 견해

행동주의 이론에서 언어습득은 개체에 작용하는 환경의 결과라고 본다. 인간이 언어를 배우는 것은 후천적 경험에 의한 것으로, 유아는 사람들이 사용하는 언어를 모방하며 강화받은 것을 통해 학습한다.

3) 행동주의의 대표 학자

(1) 스키너(B. F. Skinner)

스키너는 언어발달을 일반 학습 원리(자극-반응, 모방, 강화)로 설명하였다. 즉, 유아의 요구나 필요의 충족, 감각적인 경험, 칭찬, 반응(소리 되받아 주기)에 의해 언어습득이 이루어진다고 하였다.

부모는 모델링과 강화를 제공하는 역할을 하며, 영아가 최초로 발성하게 되는 소리들에 대해 반응(관심 보이기, 소리 되받아 주기, 무시하기 등)하는 선택적 강화를 함으로써 언어습득의 중요한 역할을 담당한다.

스키너는 언어학습의 방법을 요구발화반응(mand), 접촉반응(tact), 반향적 조작반응(echoic operant)으로 제시하였다(이차숙, 노명완, 1994).

① 요구발화반응(mand)

요구발화반응은 말하는 사람이 요구, 요청하는 언어적인 반응을 의미한다. 영유아가 무엇인가 필요한 상황에서 발성을 할 때 옆에서 부모가 듣고 그 요구를 들어주며 반응하는 과정에서 언어를 학습하게 된다. 예를 들어, 목마른 영유아가 '물'과 유사한 발음을 하면 부모는 물로 알아듣고 물을 가져다주며 "물 줄까?"라고 반응을 하는 것이다.

② 접촉반응(tact)

접촉반응은 어떤 대상을 보거나 접촉하며 언어를 배우는 것을 말한다. 대상을 보며 영유아가 중얼거릴 때 부모가 강화를 주며 언어를 학습하게 된다. 예를 들어, 컵에 담긴 물을 보며 "무"라고 말하면 부모는 "그래, 물이야." 라고 반응한다. 그러면 영유아는 점차 "물"이라고 정확하게 발음하게 된다.

③ 반향적 조작반응(echoic operant)

반향적 조작반응은 메아리처럼 영유아가 부모의 말을 그대로 모방하고 부모가 강화하여 언어를 학습하게 되는 것이다. 예를 들어, 부모가 "물 마실까?"라고 발음하는 것을 옆에서 듣고 영유아가 "물"이라고 따라 하면, 부모는 그때마다 강화를 하게 된다.

(2) 반두라(A. Bandura)

반두라는 기본적으로 언어습득은 환경을 통해 형성되는 영유아의 경험에 의해 이루어진다고 보았지만, 스키너와는 다른 시각에서 언어학습을 설명하였다. 영유아는 다른 사람들이 내는 소리를 선택적으로 관찰하고 모방함으로써 언어를 습득하며, 모방한 소리가 정확할 때 더 많은 강화를 받게 된다.

즉, 모방(modeling)이 영유아의 언어습득에 주된 역할을 한다.

이러한 관찰 학습(observational learning)뿐만 아니라 대리학습(vicarious learning) 또한 언어습득에서 중요한 역할을 한다고 설명하였다. 즉, 직접적 강화가 아닌 대리강화의 경우에도 학습이 일어날 수 있다고 보았다.

2. 생득주의(성숙주의)

1) 생득주의(성숙주의) 견해

생득주의는 인간발달의 선천적 경향과 생물학적 특성의 중요성을 강조한 이론이다. 영유아가 학습할 수 있는 시기는 성숙에 달려 있다고 본 것이다. 즉, 어떤 기술이나 개념을 학습할 준비(readiness)가 되면 그 기술이나 개념을 쉽게 배울 수 있다는 것이다. 생득주의에서는 학습의 과정에서 유아가 실수를 하게 되면 적절한 준비도에 이르지 못하였으므로 갖출 때까지 기다려야 한다고 본다.

2) 언어습득에 대한 견해

생득주의 이론에서는 언어기능을 인간만이 가지는 독특한 기능이자 생득적으로 타고난 것으로 보며, 언어습득장치(Language Acquisition Device: LAD)의 역할을 강조한다. 언어발달은 성숙의 과정으로 일정한 발달단계를 거쳐 이루어진다고 보았다.

영유아는 언어적 경험, 사회적 경험이 다름에도 불구하고 일정한 시기에 언어를 습득하게 된다. 즉, 언어적 보편성과 발달의 유사성을 보이는 것이다.

3) 생득주의(성숙주의)의 대표 학자

(1) 촘스키(Noam Chomsky)

촘스키는 들어 본 적이 없는 문장을 산출하고 이해하는 창조적 능력이 인간에게 있다고 보았다. 영유아가 어떤 환경에 놓이게 되면 선천적 기제인 언어습득장치(Language Acquisition Device: LAD)에 의해 언어발달이 이루어진다.

촘스키는 인간의 언어능력은 발달 과정에서 언어적 경험이나 사회적 경험이 다르더라도 어느 정도 유사하다는 언어의 보편성을 주장하였고, 모든 언어가 공통적 문법구조인 보편문법(Universal Grammar: UG)을 가지고 있음을 주장하였다.

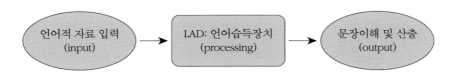

[그림 2-1] 생득주의 언어습득 과정

3. 상호작용주의

1) 상호작용주의 견해

상호작용주의는 일련의 단계에 따라 발달이 진행된다고 보았다. 약간 친숙하고, 약간 낯선 경험이 최대의 학습을 가져오며, 유아는 성인과 다른 관점을 가진다. 상호작용주의에서는 학습의 과정에서 유아가 실수를 하게 되면 실수라고 보지 않고, 현재의 견해를 반영한 것으로 간주한다.

2) 언어습득에 대한 견해

상호작용주의에서는 생물학적인 성숙요인과 환경적인 학습요인이 서로 어떻게 작용하여 발달이 이루어지는가에 언어발달의 초점을 맞추고 있다.

3) 상호작용주의의 대표 학자

(1) 피아제(Jean Piaget): 인지적 상호작용주의

피아제는 유아의 언어습득은 인지발달에 의해 결정된다고 보았다. 언어는 인지발달 수준에 제한되고, 현재의 사고 수준을 반영한다. 유아의 언어는 자기중심적 언어(egocentric speech)에서 사회화된 언어(socialized speech)로 발달한다.

피아제는 경험의 중요성과 지식을 구성하는 사람은 유아 자신임을 강조하였다.

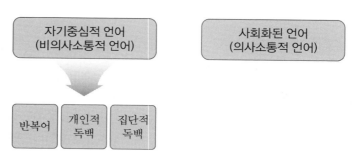

[그림 2-2] 자기중심적 언어와 사회화된 언어

※ **자기중심적 언어 사용의 원인**

- 다른 사람의 관점을 고려하지 못하기 때문
➡ 자기중심적 사고를 벗어나야 진정한 의미의 언어를 사용할 수 있음.

※ **혼잣말**

- 전조작기 유아들의 자기중심성을 나타냄.
- 탈중심화되지 않은 미숙한 사고의 반영

(2) 비고스키(Lev Vygotsky): 사회적 상호작용주의

비고스키는 발달을 자연적 발달(natural development)과 문화적 발달(cultural development)로 구분하였고, 이 중에서 문화적 발달은 언어를 매개로 습득되며, 언어는 사고를 이끌 수 있다고 보았다. 유아의 사회적 언어(social speech)는 내면화되어 내적 언어(inner speech)로 발달된다.

비고스키는 적절한 언어 경험을 유아에게 제공해 주는 성인의 역할을 강조하였다(성인, 교사, 또래의 상호작용이 중요한 역할: 비계 설정).

※ **혼잣말**

- 다른 사람도 들을 수 있지만, 다른 사람이 아닌 자기 자신에게 향하여 하는 말
- 혼잣말은 자기 조절 또는 사고과정과 행동을 주도해 가는 것을 목적으로 하는 자신과의 의사소통
- 사회적인 언어가 내적인 언어로 발달해 가는 중간 과정에 나타나는 말과 사고가 합쳐진 특별한 종류의 언어 → 과도기적 언어

- 언어를 통해 생각하고 언어와 행위가 결합되는 과정을 통해 인간의 고등정신 기능이 발달해 감.
- 어려운 과제를 처리해야 할 때 혼잣말을 함으로써 다음에 어떤 행동을 해야 할지 자신의 행동을 안내하고 신중하게 행동할 수 있게 됨.

4) 인지적 상호작용주의 vs 사회적 상호작용주의

인지적 상호작용주의: Piaget	사회적 상호작용주의: Vygotsky
• 사고가 기초가 되어 언어로 표현됨. • 언어는 일반적 상징기능 중 하나임. • 유아의 언어습득 과정은 인지발달에 의해 결정됨. • 언어는 인지발달 수준에 제한됨. • 유아의 언어는 현재의 사고 수준을 반영함.	• 언어는 인간의 사고나 사유를 반영함. • 그 사회의 언어를 배움으로써 사고를 발달시켜 나감. • 문화적 발달은 대부분 언어를 매개로 습득되며 언어는 중요한 상징체계임. • 사회가 더 발달할수록 언어가 더 풍부해지고 그 사회구성원의 인지발달도 더 높은 수준에 이르게 됨. • 언어발달의 일차적 기능은 사회적 의사소통에 있음.

제3장 **언어교육 접근법**

언어는 인간이 살아가는 데 있어 중요한 역할을 담당하며, 특히 영유아기는 듣기, 말하기, 읽기, 쓰기 발달의 기초가 형성되는 시기로 4가지 영역이 통합되어 균형적인 발달을 이루어야 한다. 이러한 언어발달을 가장 효과적으로 교육할 수 있는 방법에 대해 많은 학자와 교육자가 오랫동안 탐구해 왔고, 특히 읽기와 쓰기 학습에 대해 더 많은 고민을 하고 있다.

영유아교육에서 아동관, 발달관, 교육신념 등에 따라 교수 · 학습방법의 차이가 나타나는 것과 마찬가지로, 영유아 언어교육에서도 언어습득 이론에 따라 언어교육 접근법의 양상은 다르게 나타난다. 또한 접근법들은 언어의 습득뿐만 아니라 언어에 대한 태도와도 밀접한 관련을 가지며 서로 영향을 미친다.

대표적인 언어교육 접근법으로 부호중심(발음중심) 접근법, 총체적 언어 접근법, 균형적 언어 접근법을 들 수 있다.

1. 부호중심(발음중심) 접근법

부호중심(발음중심) 접근법은 행동주의 관점에 기초한 전통적인 언어교수 접근법이다. 언어는 듣기, 말하기, 읽기, 쓰기 순으로 위계적으로 발달한다고 보아, 문자언어인 읽기와 쓰기를 가장 효과적으로 학습하는 교육법은 위계적인 방법이라고 주장한다. 즉, 음가 인식부터 전체 이야기를 이해하는 독해력까지 부분에서 전체로 접근해야 한다는 것이다.

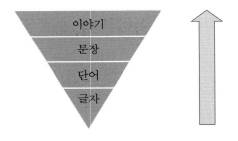

[그림 3-1] 상향식 접근

구체적인 교육방법으로는 연습과 반복 학습, 칭찬과 같은 보상을 통한 학습효과 증진 등을 들 수 있다. 성인의 관점에 입각한 언어교육 방법을 사용하며, 성인의 입장에서 읽기 · 쓰기를 평가한다.

읽기 · 쓰기 발달에 대한 행동주의 관점인 부호중심(발음중심) 접근법은 생득주의(성숙주의) 관점과 비교를 해 보면 더 잘 이해될 수 있다. 생득주의(성숙주의) 관점에서는 유아가 일정한 수준의 성숙에 도달하기 전에 이루어지는 읽기 · 쓰기 교수는 시간 낭비일 뿐만 아니라 잠재적으로 유아에게 해로울 수 있다고 본 반면, 행동주의 관점에서는 경험에 의해 준비도가 앞당겨질 수 있다고 주장한다. 즉, 하나의 과제를 일련의 작은 하위과제로 나누고 반복 연습을 통하여 학습

시키는 방법 등 준비도를 가속화시킬 수 있는 구체적인 방법론을 제시한다. 말
과 글의 대응, 단어 인식과 해독이 글의 이해를 위한 선수조건이라고 보며 부족
한 기술은 연습이나 강화를 통해 가르친다. 한국어 교육에 적용해 보면, 한글차
트나 자모판 이용, 낱자와 음가를 체계적으로 가르치기, 글자가 같은 단어 찾기,
자모음을 결합해 단어 구성하기 활동 등을 예로 들 수 있다.

1) 교수원리

유아는 문식성을 획득하기 위해 성인에게 의지해야 하는 수동적인 학습자
로 가정한다. 따라서 성인(부모, 교사)의 역할이 매우 중요하다. 교사 위주의 주입
식 · 암기식 · 전달 위주의 방법, 단편적인 방법에 의존한다. 교사가 선택한 언어
활동을 유아가 따라 하고, 똑같은 형식과 모습을 가진 결과를 보여야 하며, 교사
의 통제가 필수적이라고 믿는다. 교사는 교정자, 지식 전달자로서의 역할을 한다.

읽기, 음소지도법, 정자체로 쓰기 등과 같이 듣기, 말하기, 읽기, 쓰기가 분리
되어 있으며, 읽기 다음에 쓰기가 발달한다는 위계에 따라 읽기 · 쓰기 기초 기
술을 반복 연습시킨다. 읽기 · 쓰기 교수는 개인별로, 혹은 교사에 의해 능력별
로 구성된 집단으로 실시되며, 유아들은 개별적으로 각자의 과제를 수행한다.
단순한 것에서 복잡한 것으로 나열된 단계적으로 짜인 기술을 직접적으로 가르
친다. 반복적인 자극과 강화를 통해 언어학습이 이루어진다.

자음과 모음의 체계, 자소, 음소(글자와 말소리)의 대응관계, 음운인식
(phonological awareness), 철자법, 읽기 과정에서 자음과 모음 체계에 대한 지식
의 적용방법 등을 가르친다. 앞서 진행된 학습내용, 혹은 뒤이어서 오는 학습내
용과는 상관없이 동화책을 읽어 주고 듣는 데서 끝난다. 완벽한 쓰기가 중요시
된다.

언어의 평가결과는 유아들을 구분 짓고 등급을 매기거나 또래와 성취도를 비
교하는 자료가 된다.

2) 부호중심(발음중심) 접근법의 예

-글자를 해당 말소리로 바꾸기 위한 해독 과정 지도
-낱자나 단어를 중심으로 매우 명시적이고, 직접적이고, 체계적으로 지도해
야 함.

① 다음을 따라 읽어 보세요.

② 써진 대로 읽어 보세요.

③ 'ㄱ, ㄴ, ㄷ …'을 10번씩 쓰세요.

④ 단어 카드에 적혀 있는 글자를 10번 쓰세요.

3) 장점과 단점

부호중심(발음중심) 접근법의 장점은 다음과 같다.

① 자소와 음소가 결합된 한글의 구조를 체계적으로 지도할 수 있다.

② 자음과 모음의 음가를 대응시킴으로써 발음의 규칙성과 맞춤법 지도를 효과적으로 할 수 있다.

③ 새로운 낱말의 읽기·쓰기 학습에 전이 효과가 크다.

반면, 부호중심(발음중심) 접근법의 단점은 다음과 같다.

① 추상적이고 무의미한 자모음 학습으로 유아의 언어 학습동기 및 흥미의 유발과 지속이 어렵다.

② 지나치게 분석적이고 논리적이어서 유아가 이해하기 어렵다.

③ 독해지도에서 글을 쓴 목적과 의도보다 읽고 쓴 결과물을 중시하여 의미 파악을 소홀히 할 수 있다.

④ 재미없고 지루하게 반복적인 연습을 시킨다.

⑤ 유아의 특성을 고려하지 않은 획일적인 평가방법을 사용한다.

2. 총체적 언어 접근법

총체적 언어 접근법은 상호작용주의 관점에 기초한 언어교수 접근법이다. 언어의 기능을 세분화하지 않고 통합적으로 가르치며 학습자 간의 상호작용을 강조한다. 말하기, 듣기, 읽기, 쓰기의 4영역을 통합적으로 지도하며 언어와 다른 교과의 통합적 지도를 강조한다.

언어의 작은 단위(자모 체계)를 배운 후 큰 단위(텍스트, 의미)를 배우도록 지도하는 것이 아니라, 의미를 이루는 큰 단위를 이해하고 싶은 욕구에서 출발하여

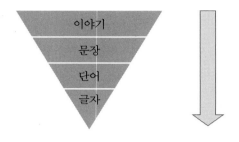

[그림 3-2] 하향식 접근

언어의 작은 단위까지 스스로 배우도록 지도한다. 의미와 의미를 이루는 전체 원문(text)을 강조한다.

자모 체계부터 지도하지 않고 그림동화책을 활용하여 책의 내용 및 단어와 문장, 이야기 전체를 언어활동의 출발점으로 삼는다. 따라서 유아들은 이야기를 전체적으로 듣고 이해하며, 이어서 단락, 문장, 글자에 초점을 두는 활동을 하게 된다. 메모지, 노랫말, 차트, 꼬리표, 포스터, 지도, 요리책, 광고지, 표지판, 포장지, 메뉴, 간판 등 실제적인 자료를 활용한다.

1) 교수원리

언어를 지도할 때 전체에서 부분으로, 일반적인 것에서 구체적인 것으로, 친숙한 것에서 친숙하지 않은 것으로, 불분명하고 막연한 것에서 명확한 것으로 발전되도록 진행한다. 특히 언어습득과 사용에 있어 상황적 맥락을 중시하여 실생활과 연관된 여러 가지 경험과 관련해서만 효과적으로 일어난다고 본다. 하루 일과를 통해 읽기와 쓰기를 통합한다.

교사는 개별적 상호작용을 통해 유아의 언어활동을 지원한다. 즉, 유아가 언어를 사용하고, 실험해 보고, 탐구하도록 자료와 환경을 마련한다. 언어적 경험을 자유롭게 이야기할 수 있는 허용적 분위기를 제공하며, 다양한 흥미영역에서 읽기와 쓰기 활동이 이루어지도록 환경을 마련하고, 일상생활 속에서 다양한 언어적 경험을 하도록 배려한다. 또한 또래와의 상호작용을 통한 협동적 학습을 격려한다. 부호중심 접근법과는 다르게 꾸며 읽기, 창안적 쓰기 등을 격려하고 실수를 인정해 준다.

※ 총체적 언어 접근법의 신념

총체적 언어 접근법은 교수와 학습의 본질에 대한 신념이다.

① 언어교육은 유아 스스로가 선택할 때 효과적이다.

　교사의 개입보다는 유아가 자신의 경험과 배경지식에 따라 스스로 선택할 때 효과적이다.

② 언어 학습의 주도권은 교사가 아니라 유아 자신에게 있다.

　교사는 유아 스스로 점차 깨달아 갈 수 있도록 문식적 환경을 계획하고 준비하며 격려해야 한다.

③ 유아는 실수와 오류를 통해 언어를 발달시켜 나간다.

　유아의 말과 글은 결코 완벽할 수 없다는 것을 인정하고, 문법적으로 오류가 없는 언어를 사용할 것을 강요하지 말아야 한다.

④ 언어를 총체적으로 가르쳐야 한다.

　총체적 사고 행위인 언어를 말하기, 듣기, 읽기, 쓰기의 영역으로 구분해서는 안 되며, 각 영역을 하위기능으로부터 상위기능으로 세분화하여 낱낱의 기능을 쪼개어 가르쳐서도 안 된다.

⑤ 언어교육은 모든 영역을 통합하여 가르쳐야 한다.

　언어는 교실 내에서뿐만 아니라 교실 밖의 생활과 통합하여 가르쳐야 한다.

2) 총체적 언어 접근법의 예

(1) 문학적 접근의 3단계

문학적 접근을 어떻게 조직해 나갈 수 있는지에 대한 하나의 대안으로 좋은 그림책을 소개하고 그림책의 구조를 인식하게 하며 몰입활동으로 이끄는 3단계를 활용할 수 있다(이경우, 1996).

① 그림책의 소개

그림책의 소개는 유아가 책에 대해 흥미와 관심을 갖도록 하는 것이다. 또한 자연스럽게 유아의 경험과 연관시켜 교사의 질문을 통해 유아가 자신의 경험적 지식을 토대로 답을 할 수 있도록 한다.

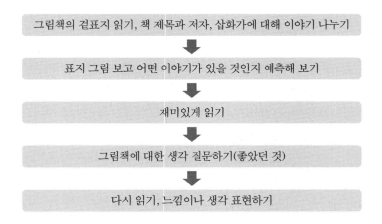

그림책의 겉표지 읽기, 책 제목과 저자, 삽화가에 대해 이야기 나누기

표지 그림 보고 어떤 이야기가 있을 것인지 예측해 보기

재미있게 읽기

그림책에 대한 생각 질문하기(좋았던 것)

다시 읽기, 느낌이나 생각 표현하기

② 구조(내용)의 인식

그림책의 구조(내용)는 다 함께 읽으면서 인식하게 된다. 반복되는 문장이 나오면 유아들은 주의집중을 위해 찬찬히 읽는 태도를 보인다. 그림책을 읽은 후 어떤 이야기가 있는지 그 내용에 대해 이해하게 되며, 구조(내용)와 단어, 글자의 생김새도 이해하게 된다.

③ 몰입활동

몰입활동이란 유아가 흥미를 가지고 주도적으로 하는 활동을 의미한다. 유아는 다양한 언어 확장 활동에 몰입하는 동안 언어 사용(듣기, 말하기, 읽기, 쓰기, 사고하기)을 통합적으로 하게 된다.

이때 교사는 많은 교수전략에 대해 알고 있어야 하고, 이에 적절한 언어 환경을 구성해 주어야 한다. 또한 '올바른 방법'이나 '정답'을 가르쳐 주기보다는 유아들끼리 의견을 나누는 것을 장려하여야 한다.

※ 몰입활동 목록

- 작가적 전략: 저널 쓰기, 등장인물에 대한 일기, 내 단어 책, 편지 쓰기, 이야기 (앞, 중간, 뒷이야기) 지어 내어 책으로 묶기, 브로슈어(안내문, 팸플릿) 활용, 신문/광고 만들기, 자서전 꾸미기, 등장인물의 단평, 동시, 직업목록, 가상/상상하기, 단어 벽 사용하기
- 협동적 학습 전략: 회의하기, 고학년이 저학년 돕기
- 게임 전략: 단어 입양하여 기록하기, 부분 가리고 읽기, 문장 재배열하기, 보물 찾기(소원 이야기하기), 재미있는 단어 찾기, 제목 빌리기
- 이해를 위한 전략: 주원문해(주인공-원하다-그러나-그래도, SWBS 도표), 큰 책 만들기, 소리 내어 읽기, 벤다이어그램, 단어가지 만들기, 동화 구연
- 이야기 구조(내용) 인식을 위한 전략: 사건의 연속, 목록과 연속, 비교와 대조, 질문과 대답, 운율과 반복, 진술과 정교화, 문제해결, 원인과 결과
- 듣기 전략: 책 오케스트라, 적절한 효과음 사용, 녹음 테이프
- 연출 전략: 읽기 합창, 독자의 무대, 연극, 인형극과 팬터마임
- 시각 예술 전략: 포스터와 표지판, 삽화 관찰, 프로젝트, 실제물 도입

(2) 통합적 접근법

통합적 접근을 거미줄 모형으로 계획한다. 그 후 문학적 접근의 3단계를 활용

하여 계획한 대로 통합적 활동을 전개한다.

① 통합적 계획

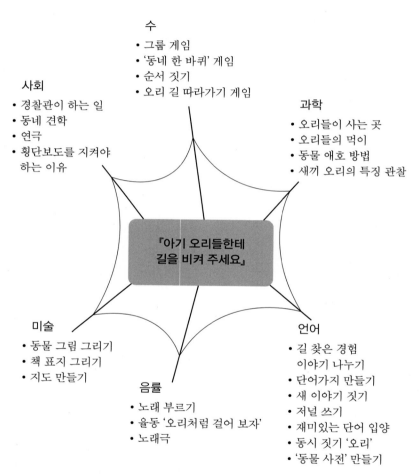

수
- 그룹 게임
- '동네 한 바퀴' 게임
- 순서 짓기
- 오리 길 따라가기 게임

사회
- 경찰관이 하는 일
- 동네 견학
- 연극
- 횡단보도를 지켜야 하는 이유

과학
- 오리들이 사는 곳
- 오리들의 먹이
- 동물 애호 방법
- 새끼 오리의 특징 관찰

『아기 오리들한테 길을 비켜 주세요』

미술
- 동물 그림 그리기
- 책 표지 그리기
- 지도 만들기

음률
- 노래 부르기
- 율동 '오리처럼 걸어 보자'
- 노래극

언어
- 길 찾은 경험 이야기 나누기
- 단어가지 만들기
- 새 이야기 짓기
- 저널 쓰기
- 재미있는 단어 입양
- 동시 짓기 '오리'
- '동물 사전' 만들기

[그림 3-3] 통합적 접근법의 거미줄 모형

출처: 이경우(1996, p. 207).

② 통합적 전개

그림책을 소개하고, 그림책을 읽은 후 계획한 활동을 전개한다(문학적 접근의 3단계).

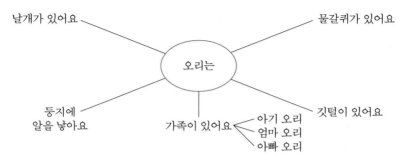

[그림 3-4] 단어가지 만들기

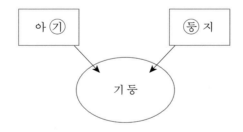

[그림 3-5] 단어 입양하여 기록하기

3) 장점과 단점

총체적 언어 접근법의 장점은 다음과 같다.

① 실생활에 익숙한 단어나 문장을 중심으로 지도하므로 유아에게 의미 있는 언어학습이 일어날 수 있고, 흥미를 유발하기 쉽다.

② 제한된 단어와 문장으로 반복 지도하므로 쉽게 배운다.

③ 단어나 문장을 하나의 단위로 읽어 나가기 때문에 발음보다는 의미 파악에 초점을 둘 수 있다.

반면, 총체적 언어 접근법의 단점은 다음과 같다.

① 배운 글자는 쉽게 읽을 수 있으나 제한된 단어, 문장만 지도하므로 학습량이 많지 않고, 배우지 않은 문장은 거의 읽을 수 없다.

② 의미 파악의 지도에 초점을 맞추게 되므로 정확한 해독 지도에 어려움이 있다.

③ 교사의 지도능력에 따라 학습자의 개인차가 크게 벌어지게 될 수 있다.

3. 균형적 언어 접근법

균형적 언어 접근법은 부호중심 접근법과 총체적 언어 접근법 모두 장점과 단점이 존재하므로, 두 접근법 중 어느 한 가지만으로는 언어를 지도하는 데 효과적이지 않다는 현장 교사들의 요구에 의해 생긴 접근법이다.

행동주의 관점에 기초한 전통적인 언어 교수접근법인 부호중심 접근법과 상호작용주의 관점에 기초한 총체적 언어 접근법을 서로 보완해 사용하자는 절충적인 방법이다. 즉, 두 지도 방법의 장점을 모두 취하고자 하는 접근법이다.

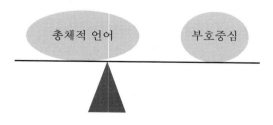

[그림 3-6] 균형적 언어 접근법 모형

'균형'이라는 것은 총체적 언어 접근법과 부호중심 접근법을 정확히 50대 50의 비율로 지도한다기보다는 '균형적 언어 접근법 모형'([그림 3-6])의 형태로 진행하는 것이 바람직하다고 볼 수 있다. 다만 유아의 개인차와 사회문화적 특수성 등을 고려해서 비율을 조절하는 것이 더 적합한 경우도 있다. 왜냐하면 모든 유아에게 효과적인 유일한 교수법은 없기 때문이다.

1) 교수원리

의미 있고 실제적인 상황에서 읽기와 쓰기를 접하도록 할 뿐 아니라 유아가 흥미와 관심을 보이는 한도 내에서 음운 인식, 자소와 음소의 대응, 낱자 지식 등과 같이 읽기 기초 기능도 교육내용에 포함한다. 개별 학습자를 지속적으로 평가하고 그들의 욕구에 반응하여 교수하며, 기술들을 읽기, 쓰기의 의미 있는 맥락 안에서 가르친다.

교사는 유아가 의미 있는 맥락 안에서 소리와 상징 간의 관계를 탐색하고 인식할 수 있는 많은 기회를 제공한다. 또한 읽기와 쓰기 행동의 좋은 모델이 되어야 한다. 읽고 쓰기와 관련된 극화놀이(예: 병원놀이-처방전 쓰기)를 장려하며, 유아가 혼자서 읽고 쓰기를 할 수 있도록 풍부한 환경을 만들어 준다.

> ※ **교사의 역할**
> • 유아가 쓰기를 시도해 보도록 격려하고 매일 쓸 수 있는 기회를 제공한다.
> • 유아가 읽기, 쓰기 경험에 대해 이야기하도록 격려한다.
> • 교사가 읽기, 쓰기에 대한 긍정적인 모델링을 한다.
> • 자발적인 읽기, 쓰기를 하도록 환경을 제공해 준다.
> • 읽기, 쓰기에 대해 긍정적인 피드백을 준다.
> • 유아들이 친근하고 좋아하는 이야기를 몇 번이고 되풀이하여 읽어 준다.
> • 혼자 혹은 또래들과 함께 마음에 드는 이야기, 노래, 시를 다시 읽게 해 준다.

2) 균형적 언어 접근법의 예

(1) 균형적 언어 읽기 활동

균형적 읽기 활동에는 소리 내어 읽어 주기, 함께 보며 읽기, 혼자 읽기, 읽기와 관련된 발음 중심 활동 등이 있다.

① 소리 내어 읽어 주기

읽기 능력을 향상시키는 효과적인 방법은 매일 유아들에게 그림책을 소리 내어 읽어 주는 것이다. 좋아하는 이야기를 반복하여 읽어 줄 때 반복되는 구절이나 독특한 단어가 나오면 청각적 변별력과 음소에 대한 인식을 발달시킬 수 있다.

② 함께 보며 읽기

교사와 유아가 함께 큰 책(Big Book)을 포함한 다양한 책을 번갈아 가며 함께 읽으면서 반복되는 구절이나 예측 가능한 부분은 유아가 직접 읽어 보게 함으로써 읽기에 참여시키는 활동이다. 이야기에 대한 이해력, 언어의 운율에 대한 인식, 이야기 구조에 대한 인식을 발달시킬 수 있다.

③ 혼자 읽기

교사의 도움 없이 스스로 책이나 인쇄물을 읽는 활동이다. 교사는 질 좋은 문학 작품, 인쇄 문자가 풍부한 환경을 구성해 주며 유아의 발달수준과 개별적 흥미를 고려한 책을 제공한다. 개별적으로 유아가 책 읽기를 할 수 있는 시간을 마련해 주며 책을 소중히 다루는 유아의 태도를 칭찬한다. 자율적인 책 읽기에 대해 개인별로 기록한다.

④ 읽기와 관련된 발음 중심 활동

유아가 아는 낱자와 소리를 이용해서 글자에 대해 이야기하기(예: 자기 이름의
첫 글자와 같은 친구의 이름), 글자–음절의 대응관계나 자소, 음소의 대응규칙을
인식하는 데 도움을 주는 언어 게임, 발음되는 단어를 각각의 소리로 분할하고
그 소리를 전체 단어로 섞어 보기(예: 천천히 단어를 쓰면서 그 소리를 말하기), 두운
과 각운을 포함한 음소에 관한 놀이(예: '저기 저 공장장은 강 공장장인가') 등의 활
동을 할 수 있다.

(2) 균형적 언어 쓰기 활동

균형적 쓰기 활동에는 소리 내어 써 주기, 함께 쓰기, 혼자 쓰기, 쓰기와 관련
된 발음 중심 활동 등이 있다.

① 소리 내어 써 주기

교사가 유아 앞에서 교사 자신의 생각을 소리 내어 말하면서 쓰는 방법이다.
교사가 쓰는 동안에 글자와 소리가 관계를 맺는 것을 관찰하게 하고 참여하게
한다. 음성언어와 문자언어를 대응시키게 하고, 쓰기의 여러 측면을 학습하도록
도움을 주는 활동이다.

② 함께 쓰기

유아가 자신의 생각을 말로 표현하면 교사가 받아써 주는 활동이다. 자신이
말한 것을 성인이 받아 적는 것을 보면서 글자가 만들어지는 과정을 알게 되고,
왼쪽에서 오른쪽으로 쓰기나 띄어쓰기와 같은 규칙들을 자연스럽게 알게 된다.
또한 글자와 말의 관련성을 인식하고, 글로 받아 적은 것은 다시 읽힌다는 것을
알게 된다. 단어나 문장의 개념을 발달시키는 데 도움이 된다.

③ 혼자 쓰기

교사의 도움 없이 스스로 직접 써 보는 활동이다. 교사는 자연스럽게 쓰기가 일어날 수 있는 환경을 구성해 준다(예: 쓰기 도구, 쓰기 책상, 쓰기 장소 마련 등). 다양한 쓰기가 일어나도록 격려해 주며 혼자 쓰는 활동에 참여하도록 독려한다. 독립적으로 쓰기를 할 수 있는 한 그들 자신의 맞춤법에 따라 쓰게 한다.

④ 쓰기와 관련된 발음 중심 활동

유아와 함께 자음 · 모음 책 만들기, 재미있는 철자나 소리가 나는 단어 책 또는 목록 만들기, 자석 글자와 같은 놀잇감을 가지고 놀기, 책을 함께 읽으면서 단어의 첫 글자만 보여 주고 다른 상황적인 힌트를 주면서 그 단어가 무엇인지 알아맞히기 등의 활동을 할 수 있다.

(3) 그림책의 소개 및 활동 전개

① 그림책 소개 및 전개

그림책의 소개는 총체적 언어 접근법에서의 문학적 접근과 비슷하나 부호중심 접근법의 방법들이 통합되어 활동이 진행된다.

관련 경험 이야기하기, 책 제목 맞히기, 책에 대한 내용 상상하기, 책에 있는 그림 살피기, 제목과 관련된 단어가지 만들기, 작가와 삽화가에 대해 알아보기, 책 제목에 있는 자음과 모음 모양 살피기, 책 제목에 있는 자음과 모음 찾기, 책 제목에 있는 자음으로 시작되는 낱말 찾기, 반복되는 문장 읽고 써 보기, 많이 나오는 단어 찾기, 단어 카드 만들기, 주제어로 문장 구조 만들어 보기, 한 글자 · 세 글자 단어 찾기, 어려운 단어 찾아 읽고 모양 보기 등의 활동으로 전개된다.

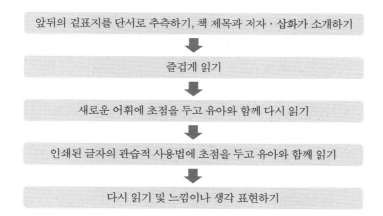

앞뒤의 겉표지를 단서로 추측하기, 책 제목과 저자·삽화가 소개하기

⬇

즐겁게 읽기

⬇

새로운 어휘에 초점을 두고 유아와 함께 다시 읽기

⬇

인쇄된 글자의 관습적 사용법에 초점을 두고 유아와 함께 읽기

⬇

다시 읽기 및 느낌이나 생각 표현하기

② 연계 활동

전개 활동 이후 후속 활동으로 다음의 방법을 연계할 수 있다. 동화책 제목 바꾸어 보기, 등장인물 이름 새로 짓기, 글자 없는 그림책 만들기, 단어 벤다이어그램 만들기, 책 내용 바꾸어 보기, 단어의 자모음 바꾸어 읽고 써 보기 등이 있다.

• 동화책 만들기

유아들이 작가의 쓰기 과정을 경험해 보도록 하기 위해 여러 단계 쓰기과정을 거쳐 책을 출판하여 본다. 개별적인 책 만들기, 집단으로 책 만들기, 동화책을 함께 읽고 동화책의 뒷이야기 만들기, 그림을 보고 연상하여 동화책 만들기(이어 만들기) 등의 활동으로 전개할 수 있다.

제4장 **영유아 언어발달**

1. 영아기 언어발달(만 0~2세)

1) 영아기 듣기 · 말하기 발달(음성언어 발달)

의사소통은 말하는 사람(화자)과 듣는 사람(청자)이 언어를 수단으로 정보, 생각, 감정, 의미 등을 상호교환하는 것을 말한다. 즉, 사회적 상호작용의 과정에서 언어를 사용하는 것이다. 의사소통은 언어 사용 여부에 따라 언어적 의사소통과 비언어적 의사소통으로 구분되며, 사용된 언어가 음성인지 문자인지에 따라 음성언어 의사소통과 문자언어 의사소통으로 나뉜다.

이러한 의사소통의 발달은 언어발달과 함께 이루어지며, 특히 영아기 음성언어 발달은 의사소통의 발달과 함께 그 특징을 더 잘 이해할 수 있다.

(1) 듣기

듣기는 듣는 사람(청자)이 말하는 사람(화자)의 말을 듣고 들은 정보를 분석, 종합, 비판, 감상하면서 의미를 새롭게 구성해 가는 인지적 사고과정이다. 귀를

통해 소리의 진동을 지각하는 능력뿐 아니라 그 청각적 지각이 무엇을 의미하는
지를 파악하는 이해의 과정이 요구된다. 듣기는 음향을 귀로 받아들이는 과정인
소리 듣기(hearing)와 음성과 음향을 구별하여 언어로 인지하고 그 음성을 의미
있는 단위로 처리하는 과정인 의미 듣기(listening)로 구분된다.

① 말소리 지각

사람의 말소리를 지각하기 위해서는 소리를 구별하는 능력 이상이 필요하다.
그것은 다른 사람들의 목소리를 알아듣는 능력이다. 또한 영아가 사람의 말소리
를 정확하게 듣는 것만으로도 매우 대단한 일인데, 그 말소리에서 의미를 파악
해 내는 것은 더욱 어려운 일이다. 다른 사람들의 말을 이해하기 위해서는 말소
리를 분명하게 알아듣는 것 이상의 능력이 필요하다. 말에 직접적으로 표현된
의미뿐 아니라 표현되지 않고 함축되어 있는 의미도 이해해야 한다.

영아의 듣기에 대해서는 태내기에 말소리와 그 외의 소리를 변별할 수 있는
소리 지각부터가 듣기라고 보는 견해와, 출생 직후 다른 언어와 모국어를 구별
할 수 있는 언어 지각으로부터 비롯된다고 보는 견해가 있다. 청각 능력에서 영
아의 개인차는 아주 크며, 말소리 지각에 있어서 사람의 말소리에 특히 민감하
게 반응한다. 또한 다른 사람의 목소리보다 엄마 목소리를 선호한다.

성인은 영아에게 보통 아기말(모성어)이라는 말투로 이야기한다. 아기말은 느
린 박자, 높은 소리와 더 분명하고 과장된 억양 등의 특징을 보이며 영아들은 이
러한 아기말을 더 좋아하고, 아기말은 듣는 내용을 더 잘 이해하게 도와준다. 즉,
아기말은 기본적 언어의 기능과 구조를 학습하도록 돕는다.

영아의 말소리 변별력은 생후 1년 전후까지 발달되며 이를 살펴보면, 생후 3개
월 전후에는 엄마의 음성에 미소로 반응하고, 4~5개월경에 자신의 이름을 알고
반응하며, 12개월 이후 말을 듣고 동작으로 반응한다. 그러나 생후 1년을 전후하
여 음소차이 변별 지각능력이(모국어로 말하기 시작하면) 변하게 된다. 즉, 모국어
에서 사용되지 않는 소리들의 변별 능력을 잃어버린다.

(2) 말하기

말하기는 화자가 자신의 생각이나 느낌 등을 청자에게 음성언어나 비언어적 형태(몸짓과 같은 신체언어, 억양, 태도 등)로 표현하는 것을 말한다. 즉, 단순히 들은 대로 발음하여 소리 내는 것뿐만 아니라 음성을 통해 자신의 의사를 표현하는 능력이다. 말하기는 어떤 내용을 어떻게 말할 것인지 생각하는 계획하기와 음성기관을 통해 계획한 것을 전하는 표현하기로 구성된다.

영아의 말하기에 대해서는 출생 후 첫 울음도 불편의 표시로서 첫 발화라고 보는 견해와, 음성과 호흡의 협응 능력 발달과 더불어 영아의 요구와 느낌을 소통하는 수단으로서 역할을 하는 유의미한 울음부터라고 보는 견해가 있다.

영아기는 울음, 쿠잉, 옹알이와 같은 언어 이전의 형태와 한 단어 말, 두·세 단어 말의 형태로 말하기 발달이 이루어진다.

① 울음(crying)

영아의 울음은 자신의 욕구와 느낌을 표현하는 의사소통의 도구로, 점차 주의를 끌기 위한 수단이 되기도 한다. 성인 양육자와의 상호작용에서 울음의 의미가 분화되면서 효과적으로 사용할 수 있게 되므로, 영아의 요구를 알아내는 성인 양육자의 민감한 반응이 중요하다.

언어의 기능이 발달함에 따라 의사소통 수단으로서의 울음보다는 언어적 표현으로 전환되면서 점차 감소된다.

② 쿠잉(cooing)

영아는 생후 1개월경에 모음만으로 구성된 '우-우-우'나 '어-어-어' 같은 목 울리는 소리를 낸다. 생후 3개월경에는 수많은 모음 소리를 발성한다.

쿠잉은 영아가 소리 내기를 연습하는 것으로, 성인 양육자와 마치 대화하는 것 같은 상호교환적 의사소통 형태를 보인다. 따라서 성인 양육자의 적절한 반응은 영아가 말소리나 패턴에 익숙해지도록 하는 데 도움이 된다.

③ 옹알이(babbling)

쿠잉 이후에 나타나는 영아들의 발성의 한 형태로 자음과 모음을 연결하여 음절을 만든다.

4개월경에는 단음절의 옹알이('바' '가')가 시작되고, 6~8개월에는 반복적인 소리의 옹알이('바바바' '다다다')를 발성하며, 8~12개월에는 자음과 모음의 변화를 주는 변화적 옹알이('바가다' '바부') 형태가 나타난다. 옹알이의 억양은 말소리의 억양과 점점 더 비슷해진다.

옹알이는 발성 기제를 조절하여 복잡한 언어 사용에 대해 필요한 기초를 마련하며, 성인 양육자가 영아의 옹알이에 의미를 붙여 말해 줌으로써 영아의 어휘 습득, 대화의 사회적 양상 습득에 영향을 준다.

④ 한 단어 말

생후 1년이 되면 첫 단어를 말한다. 하나의 단어로 구성된 발화형태로 첫 단어는 대개 자음에서 시작하여 모음으로 끝나고, 같은 소리가 많이 반복된다. 15개월 경에는 약 50개의 단어를 알게 된다.

첫 단어는 대부분 영아에게 중요한 사람이나 중요한 것이 발음하기 쉬운 형태로 나타나며(예: 맘마, 엄마, 우유, 까까, 멍멍, 가자, 먹어), 한 단어가 문장의 역할을 하기도 한다(예: '맘마'는 '먹는 것'을 가리키기도 하고, "먹을 것을 주세요."라는 뜻이 되기도 한다).

성인은 한 단어 말이 발성된 상황을 제대로 알아야 해석이 가능하며, 이때 영아의 말을 그대로 따라하지 말고 표준언어로 바꾸어 상황에 맞게 문장으로 확장시켜 주어야 한다.

⑤ 두 · 세 단어 말

만 1세 중반에서 만 2세경에 어휘 수가 빠르게 증가하며 한 단어 말에서 발달한 형태인 두 · 세 단어 말이 나타나게 된다. 두 단어와 세 단어가 한 문장의 역

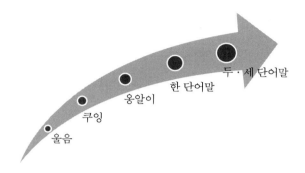

[그림 4-1] 영아기 음성언어 발달

할을 한다. 18개월에서 20개월에 두 단어를 결합시켜 초보적인 문장을 형성하며, 22개월경에 세 단어를 조합하여 말하기 시작한다.

두·세 단어 말은 전보문장과 주축문법의 사용으로 잘 이해될 수 있다. 전보문장이란 핵심적인 단어(명사, 형용사, 부사 등)로 구성되며 그 외의 것은 생략한 표현이다(예: 나 밥=나에게 밥을 주세요). 주축문법은 주축이 되는 단어(주축어)를 중심으로 단어(개방어)에 변화를 줌으로써 다양한 문장으로 표현하는 것이다(예: 엄마 물, 엄마 쉬, 엄마 밥).

또한 과잉일반화, 과잉확대, 과잉축소 현상이 나타난다. 과잉일반화는 문법적 규칙의 적용에서 모든 경우로 일반화하는 것이다(예: 주격조사 '가' → "선생님이가 와요."). 과잉확대는 지각적 유사성에 기초하여 본래 의미보다 확대 적용하는 것이며(예: 성인 남자를 모두 아빠라고 부름), 과잉축소는 단어의 범위를 본래 의미보다 좁게 적용하는 것이다(예: 엄마의 가방만 가방이라고 함).

2) 영아기 읽기 · 쓰기 발달(문자언어 발달)

문식성(literacy)은 문자언어의 표상체계를 말하는 것으로 읽고 쓸 수 있는 능력을 의미하며, 단순히 기술적으로 글자를 해독하고 표시하는 것 이상의 뜻이 포함되어 있다. 즉, 읽기와 쓰기에 대한 태도와 기대, 생활 속에서 읽기와 쓰기 행동이 갖는 의미와 가치에 대한 개념 등이 내포된 높은 수준의 사고 과정이다.

발생적 문식성(emergent literacy)은 정확한 읽기와 정확한 쓰기는 아니지만 문자언어라는 상징을 이용하여 의미를 이해하고 전달할 수 있는 능력을 가진 것을 말한다. 발생적 문식성의 초기 단계인 영아기에는 읽기와 쓰기 행동은 책 다루기, 문자언어 인식(written language awareness), 문자의 기능, 문자 자체에 대한 지식, 이야기 개념 등에 대한 이해와 발달이 이루어지며 점차 관례적으로 읽고 쓰는 행동으로 발전되어 간다.

문자언어 인식(written language awareness)

- 문자는 그림과는 다른 기능을 한다는 것을 막연히 인식함.
- 읽는 척하기, 추측해서 읽기와 같은 행동을 통해 나타냄.

영아는 일상생활에서 문자를 접하는 경험과 책 읽기를 통해 문자의 의미, 형태, 의미-형태 연결, 기능과 규칙 등을 자연스럽게 깨달아 간다. 즉, 문자는 의미를 전달하기 위해 사용한다는 것(예: 메뉴판에 적힌 글이 음식 이름이라는 메시지를 전달한다고 생각), 문자가 어떤 모양인지 형태를 알아 가는 것(예: 엉터리 철자를 쓴 후 나름대로의 의미 있는 단어라고 주장), 써진 형태와 의미가 연결되어 말로 바뀔 수 있다는 것(예: 손가락으로 글자를 지적하고 자신이 생각한 단어를 말하며 엉터리로 읽어 내려감), 사물을 구분 짓고 명명하는 것, 정보를 얻기 위해 책을 읽는다는 것, 중요한 사실을 남기기 위해 문자로 기록한다는 것 등이다. 또한 긁적거리기와 그리기 속에서, 읽는 척하고 쓰는 척하는 행동 속에서 발달한다.

영아도 문자언어에 대한 지식을 알고 있으나, 문자언어에 대한 성인의 생각과는 매우 다르다. 읽기와 쓰기는 분리된 기술이 아니며 상호연결되어 있고 의미 있는 활동에 참여할 때 문해 학습이 촉진된다. 그리고 영아를 둘러싼 실제 생활 속에서, 타인과의 사회적 상호작용에 의해 영향을 받는다.

(1) 읽기

읽기란 인쇄물로부터 의미를 형성하는 과정으로 읽는 사람(독자)이 쓴 사람(저자)과 함께 생각해 보며 새로운 의미를 구성하는 복잡한 과정이다. 읽기를 문자해독(decoding)이라고 보는 관점, 의미가 구성되는 과정이라고 보는 관점, 그리고 정보 처리와 의미 구성의 상호작용 과정이라고 보는 관점이 읽기에 대한 세 가지 대표적인 관점이다.

읽기를 문자해독으로 보는 관점은 글 깨치기 수준을 말하며, 글자를 보고 정확하게 소리 내어 읽을 수 있다면 읽기 능력을 갖춘 것으로 본다. 이 견해에 따르면 문자의 빠른 지각과 정확하게 발음하기를 집중적으로 훈련할 필요가 있다. 이 관점은 상향식 접근법에 해당한다.

의미가 구성되는 과정으로 보는 관점은 읽기를 글 자체보다는 글에 대한 가정이나 추측에 의해 의미가 구성되는 과정으로 보고, 글을 읽고 그 내용을 이해하고 분석하며 비판할 수 있는 능력을 읽기 능력으로 보고 있다. 이 관점은 하향식 접근법에 해당한다.

정보 처리와 의미 구성의 상호작용 과정으로 보는 관점은 글이 주는 정보에서 시작하여 의미를 구성할 수도 있고 의미로부터 시작하여 글을 표본화하여 의미를 선택하는 데 도움을 받을 수도 있다고 본다. 이 관점은 상향식과 하향식이 결합하여 처리되는 접근법에 해당한다.

영아의 읽기 발달은 주변에서 읽는 행동을 보면서 시작된다고 볼 수 있다. 엄마와 아빠 또는 형제자매가 분유통, 과자 봉지, 동화책 등을 읽는 모습을 보면서 호기심을 가지게 되며, 읽는 척하며 따라하게 되고, 읽는 것이 무엇인지 그 의미를 알아 가게 된다.

영아기는 읽기 이전의 단계로, 책을 볼 때 글자에 대한 개념이 없어 그림에 눈길이 가거나 글자만 있는 장은 빨리 넘기는 행동을 많이 하고, 글자의 기능에 대한 인식 없이 그림이 의미를 전달한다고 생각한다. 즉, 그림과 글자 간의 기능 차이를 인식하지 못한다. 책을 이리저리 만져 보고 읽는 척하기, 띄엄띄엄 읽기,

이야기 꾸며 말하기, 혼자 읽기, 다른 사람에게 읽어 주기 등의 행동을 한다.

영아기의 읽기 발달은 이야기책 읽기 행동을 통해 알 수 있다(Schickedanz, 1995).

〈표 4-1〉 **이야기책 읽기 행동**

월령	이야기책 읽기 행동
7~10개월	그림을 지적하면서 발성을 하지만 알아듣기 어렵다.
11~14개월	친숙한 책을 보고 그림에 명칭을 붙인다.
13~14개월	책 읽기 옹알이를 한다.
15~28개월	읽어 주는 성인이 잠시 멈출 때 다음 단어를 먼저 말하거나 성인과 함께 읽는다.
17~25개월	인형, 봉제 동물에게 또는 자신에게 읽어 준다.
15~20개월	그림만이 아니고 글자에 주목한다.
17개월	글 내용에 친숙하다는 것을 얼마간 나타낸다. 그림을 보고 그 페이지에 있는 내용이 무엇인지 안다. 경우에 따라서 표현한 말이 내용 중의 단어 하나 정도일 수 있다.
21개월	이야기 읽기가 아닌 상황에서 이야기 내용의 일부를 암송한다.
24~30개월	읽어 주는 성인이 잠시 멈추는 사이에 좋아하는 이야기의 전체 구절을 암송한다.
25~27개월	친숙한 책이 나오는 단어를 성인이 잘못 읽으면 지적하고 바르게 말한다.
28~34개월	책을 읽어 달라고 성인에게 요청하며 친숙한 책 몇 권은 아주 정확하게 암송할 수 있다.
32개월	손가락이나 손으로 글자를 따라 움직이며 무엇이라고 쓰어 있는지를 말한다. 책의 내용을 그대로 표현하기도 하고 내용은 맞으나 바꾸어 말하기도 한다.
30~36개월	친숙한 책은 혼자 읽으며 예상 가능할 경우 책의 내용을 정확히 읽는다.

※ 주변환경 속 글자의 중요성

- 유아들이 문자의 목적이나 기능에 대해 인식하게 되는 방법 중 하나는 일상생활에서 흔히 접하는 주변환경 속의 글자를 읽는 것이다.
- 관습적 해독능력을 갖기 전에 왜 읽으며, 인쇄된 글자의 기능이 무엇인지 이해해야 한다.
- 유아들은 일상생활 속에서 자주 접하는 글자들을 그것이 제시된 맥락을 이용하여 읽어 낸다.

• 주변의 인쇄된 글자들을 추측해서 읽어 보는 경험은 읽기에 대한 지식을 형성하도록 돕는다.

(2) 쓰기

쓰기를 보는 관점은 전통적 관점, 역동적 의미구성의 관점, 사회적 구성주의 관점 등 세 가지로 나누어 볼 수 있다.

전통적 관점은 쓰기가 음성기호를 문자기호로 바꾸어 쓸 줄 아는 부호화(encoding) 기능, 즉 말을 글자로 옮겨 쓸 수 있고 써진 글자를 보고 따라 쓸 수 있는 능력이라고 보는 것이다. 따라서 표준적 글자 쓰기만을 쓰기로 인정한다.

역동적 의미구성의 관점에서는 개인의 인지적 활동과 글의 의미 및 의미의 구성을 강조한다. 따라서 쓰기의 결과를 중요시하는 전통적 관점과는 다르게 쓰기의 과정을 중요시한다. 의미 표현과 전달을 위한 끼적이기와 창안적 철자 쓰기 등 자발적인 쓰기 행동을 쓰기로 본다.

사회적 구성주의 관점은 쓰기의 사회적 측면을 강조한다. 글의 의미가 언어 사용의 맥락에 의해 결정된다고 주장한다.

비고스키(Vygotsky, 1985)는 쓰기 발달이 영아기에 이미 시작된다고 주장하였다. 그 예로 그림 그리기를 통해 언어적 소통이 이루어지면서 쓰기로 연결되는 흐름을 들 수 있다. 적절한 표상 유형을 찾으며 무의미하고 미분화된 형태의 끼적이기를 시작으로 이상한 글자 형태와 창의적 글자 등의 과정을 거치며 쓰기가 점차 세련되어 간다.

쉬케단츠(Schickedanz, 1990)는 일정한 순서가 정해진 발달 단계를 분명히 밝히기는 어렵지만, 보편적으로 나타나는 영유아의 쓰기 형태를 통해 발달의 경향을 구분하였다. 영아의 쓰기 발달은 〈표 4-2〉와 같다.

〈표 4-2〉 **영아의 쓰기 발달**

월령	쓰기 발달의 경향
12개월	쓰기 도구 자체에 대한 탐색을 한다.
18개월	우연한 수직선의 출현 이후 의도적으로 수직선을 산출하기 시작(긁적거리기 단계: 수직선)
19개월	수평선 긋는 것에 초점을 두어 긁적거리기 시작(긁적거리기 단계: 수평선)
20개월	우연히 원형의 자국을 만들고 계속 여러 번 반복하여 시도하면서 쓴 글자에 이름을 붙이기 시작
22개월	수직선과 수평선을 그으면서 선 집단들을 분류하여 말하기 시작
23개월	"나도 쓸래."라는 말이 나타나기 시작 선의 의도적 반복과 경험한 선들로 구성하는 경향이 나타나기 시작

※ 쓰기 학습에 요구되는 문식성

- 써진 글자와 말이 연결되는 방법이 있음을 알아야 함.
- 문어의 형태와 형식은 사용되는 상황에 따라 다름을 알아야 함.
- 자기가 쓴 것에 대해 그것을 읽은 사람이 어떻게 반응할지를 짐작할 수 있어야 함.

2. 유아기 언어발달(만 3~5세)

1) 유아기 듣기 · 말하기 발달(음성언어 발달)

유아기의 음성언어 발달은 주변 환경과의 상호작용에 의한 경험에 따라 크게 영향을 받는다. 예를 들어, 부모나 교사 등의 성인이 언어적 상호작용을 중요하다고 인식하여 끊임없이 말하고 듣는 행동을 지속하는 경우 유아의 음성언어 발달에 긍정적인 영향을 미칠 것이다.

듣기에서 유아가 잘 듣는다는 것은 다른 사람의 말소리를 귀 기울여 잘 들을 수 있는 태도뿐만 아니라 들은 정보를 분석하고 평가하면서 사고를 발달시키고, 지식을 더 많이 획득하여 더욱 효과적으로 들을 수 있게 되는 것을 의미한다. 따라서 듣기를 통해 사고 발달을 더욱 촉진하여 언어발달의 모든 영역, 즉 말하기, 읽기, 쓰기에 영향을 미친다.

(1) 말하기

유아기가 되면 어른의 말과 유사하게 된다. 예를 들어 4세에 접속문장, 수동문과 복문의 형태가 나타나게 된다. 유아의 말하기 발달은 〈표 4-3〉과 같다(이영석, 1995).

〈표 4-3〉　**유아의 말하기 발달**

연령	언어발달 특징
3세	과거를 나타내는 시제를 사용한다(예: 있었다, 했다). 주어-목적어-동사(예: 나는 공을 본다.)가 나타나는 문장을 사용한다. 관계어(예: 형-동생, 남자-여자 등)를 안다. 세 가지 정도의 지시를 수행할 수 있다. TV 만화나 비디오를 보고 대강의 줄거리를 안다. 전화를 받을 수 있다. 가족의 이름을 안다. 간단한 메시지를 전달할 수 있다. 5단어로 구성된 말을 할 수 있다. 의문이 나면 즉시 질문한다. 다른 사람의 대화에 관심을 갖고 참여하려 한다. 전화로 상대방에게 가끔 대꾸할 수 있다.
4세	단모음과 복모음(예: 가지, 가제)의 발음을 구별한다. 단자음과 복자음(예: 가자, 까자)의 발음을 구별한다. 몇 단어 정도를 사용할 수 있다. 접속 문장(예: 나는 초코칩을 좋아하고 과자와 우유도 좋아한다.)이 나타난다. '해야 한다' '할 수 있다' 등과 같은 조동사가 나타난다. 복문의 형태(예: 내가 친구하고 놀고 있을 때, 누가 나를 뒤에서 밀었어요.)가 나타난다. TV 만화의 줄거리를 거의 모두 이해한다.

4세	전화를 받고 묻는 말에 대답한다. 자신의 기분, 느낌, 감정 등을 말로서 표현한다. 6~8개 단어로 이루어진 문장을 말한다. 다른 사람의 대화에 참여하여 가끔 자신의 주장을 말한다. 아는 글자를 쓰려고 한다.
5세	어른과 대등한 발음의 정확도를 보인다. 전화를 직접 걸어 대화한다. 낯선 사람과도 대화한다. 숫자와 글자를 쓸 수 있다. 리듬, 같은 음의 반복, TV 광고, CM송 등을 부른다. 정보를 교환하기 위한 대화를 한다.

(2) 듣고 이해하기와 말하기

유아는 이야기를 듣고 의미를 이해하여 표현하는 것에 흥미를 느낀다. 이야기는 다양한 사실을 폭넓게 알려 주며 이미 알고 있는 사실도 더욱 확장시킨다.

유아의 이야기에 대한 이해는 듣고 이해하기와 말하기의 두 과정을 통해 알아볼 수 있다. 듣기와 관련된 이야기 이해력은 이야기를 듣고 그 내용을 파악할 수 있는 능력을 말하며, 말하기와 연관된 이야기 꾸미기는 유아가 자신이 가지고 있는 지식과 경험을 근거로 새로운 표현을 만들어 내는 것을 가리킨다.

3~6세 유아의 이야기 구조 개념 발달 단계는 〈표 4-4〉와 같다(이영자, 박미라, 1992).

〈표 4-4〉 유아의 이야기 구조 개념 발달

단계	이야기 구조 개념
0단계 단순 나열하기	이야기 구조 개념이 전혀 형성되어 있지 않고 단순히 명명한다. 유아 자신이 이야기를 만들어 상대방에게 그 이야기를 들려준다는 의식 없이 제시된 자료를 탐색하고 그에 맞는 이름을 단순히 명명하는 수준이다.
1단계 이야기 형태 인식기	이야기 구조 개념을 인식하기 시작하며 등장인물의 행위를 각각 나열한다. 상대방에게 이야기를 하고 있다는 것을 의식하면서 등장인물들의 행위를 단순히 나열한다.

2단계 초보적 이야기 진술 형성기	등장인물 내의 행위는 짧게 순서화되지만 등장인물 간의 행위에는 계열화가 일어나지 않는다. 특정 인물의 행위가 짧게 순서화되면서 이야기가 전개되나, 등장인물 간에는 행동의 계열화가 일어나지 않는다.
3단계 단순 나열식 이야기 형성기	등장인물 간 상호작용이 부분적으로 일어나며 등장인물 간 행동의 계열화도 부분적으로 일어난다. 특정 주인공이 없다. 배경이 나타난다. 이야기는 대화체와 동적으로 진술된다. 이야기가 여러 인물에 집중되면서 전개되기 때문에 주인공이 불확실하다.
4단계 연결적 이야기 형성기	주인공이 설정된다. 이야기 전체에서 등장인물 간 상호작용이 보이며 이야기는 계열적으로 순서화된다. 한 명 또는 두 명의 주인공을 설정하여 이야기를 전개해 나간다. 주인공은 다른 등장인물들과 유기적인 관계를 맺고 있다. 따라서 이야기가 계열적으로 진술되는 특징이 나타난다. 이야기에서 주인공과 등장인물 간의 갈등이 부분적으로 진술된다.
5단계 논리적 이야기 형성기	주인공이 설정되며 주인공은 갈등 상황을 인식하거나 갈등 상황이나 문제를 해결하기 위한 목표를 설정한다. 등장인물 간의 상호작용이 높다. 이야기는 복잡한 이야기의 구조 계열을 유지한다. 복잡한 이야기 형태가 나타난다. 한두 명 정도의 주인공이 등장한다. 주인공은 문제를 해결해야 하는 상황을 인식하여 목표를 설정하고, 목표 달성을 위한 여러 가지 전략을 세워 행동하여 문제를 극복하고 평정상태의 정서적 반응을 보인다.

2) 유아기 읽기·쓰기 발달(문자언어 발달)

유아는 과자 봉지나 동화책 등의 인쇄물을 보면서 그림이나 글자가 무엇을 나타내는지 알게 되며, 그림이나 글자가 상징임을 이해하게 된다. 내 이름이 무엇을 표시하는지 알게 되고 글자에 관심을 가지게 된다.

유아는 처음에 인쇄물을 대할 때 그림을 보며 맥락에 의존해서 읽는다. 또한 시간에 따른 사건의 순서, 기승전결과 인과관계 등 이야기의 구조를 점점 이해해 간다.

유아의 쓰기는 영아기의 그리기나 끼적거리기에서 점차 관습적이고 표준적인 형태로 발달되어 간다. 자신의 이름을 써 보고 글자의 규칙에 대해 관심을 가지게 되며, 쓰기를 통해 자신의 생각 등을 나타낼 수 있음을 알게 된다.

문자언어의 논리적인 체계에 대한 지식은 외부로부터 직접적으로 가르쳐지기 보다는 유아 자신에 의한 구성과정에 의하여 이루어진다.

(1) 읽기

유아기는 그림을 위주로 읽었던 영아기와 달리 점점 글자 중심의 읽기로 전환하는 시기다. 대체로 글자의 형태에 관심을 가지고 글자의 기능에 대한 인식이 생기며 책 속의 글자는 읽는 것임을 알게 된다. 자신의 이름과 친구의 이름에 있는 글자를 읽게 되고, 주위에서 아는 글자를 읽어 보려고 한다.

알파벳을 기반으로 하는 영어의 읽기 발달은 슐츠비(Sulzby, 1985)의 연구에 잘 나타나 있다. 슐츠비는 2~5세 유아를 대상으로 좋아하는 이야기책을 읽게 한 후 나타난 반응을 범주화하여 도식으로 설명하였다. 유아의 이야기책 읽기 행동 범주화(발생적 이야기책 읽기 발달)는 다음과 같다.

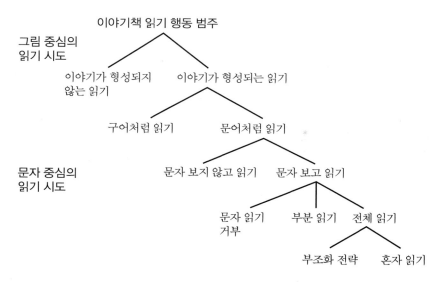

[그림 4-2] 이야기책 읽기 행동 범주화

출처: Sulzby(1985, p. 464).

〈표 4-5〉 **이야기책 읽기 행동 범주화**

그림 중심의 읽기 시도	
이야기가 형성 되지 않는 읽기	• 책의 그림 보고 명칭 붙이기와 코멘트하기 • 그림의 동작 따라 하기
이야기가 형성 되는 읽기	구어처럼 읽기 • 대화식 이야기하기 • 독백식 이야기하기
문자 보지 않고 문어처럼 읽기	• 읽기와 이야기하기의 혼합 형태로 읽기(구어와 문어의 전이시기) • 글자에 초점을 맞추며 원본과 비슷하게 읽기(탈맥락화된 언어 사용) • 원본대로 읽기(그림을 보지 않고도 이해함)
문자 중심의 읽기 시도	
문자 보고 문어 처럼 읽기	• 읽기 거부(글자를 몰라서 읽지 못한다는 반응을 보임) • 부분 읽기(한두 요소에 집중해서 읽기)
문자 보며 전체 읽기	• 부조화 전략으로 총체적 읽기(모르는 단어 빠뜨리고 읽기, 아는 단어로 대치 시키기, 예측하고 상상해서 읽기) • 혼자 읽기(균형된 전략 사용, 잘못 읽었을 경우 스스로 수정하며 읽음)

한글을 기반으로 하는 한국어의 읽기 발달은 이영자, 이종숙(1985)의 유아의 읽기 발달 단계 연구와 이기숙, 김영실, 현은자(1993)의 책 읽기 발달 연구에 잘 나타나 있다.

〈표 4-6〉 **읽기 발달 7단계**

읽기 발달 단계	특징
1단계	읽기 이해 전단계 하위 1단계: 말없이 그림만 쳐다보기 하위 2단계: 그림을 지적하기 하위 3단계: 그림의 명칭을 이야기하기 하위 4단계: 그림에 대해 질문하기
2단계	이야기 구성능력이 없어 "난 ~못 읽어요."와 같이 의사를 표현하는 단계
3단계	그림을 보고 마음대로 이야기 만들기 단계
4단계	의미가 비슷하게 꾸며 말하기 단계

5단계	단어나 구절을 암기하여 이야기하는 단계 하위 1단계: 책에 나온 글자의 암기를 통하여 50% 이하의 단어나 구절을 사용하여 이야기하기 하위 2단계: 책에 나온 글자의 암기를 통하여 50% 이상의 단어나 구절을 사용하여 이야기하기
6단계	글자를 읽어야 한다는 것을 이해하지만 글자를 읽을 줄 몰라 "난 못 읽어요."와 같은 의사를 표현하는 단계
7단계	글자를 읽는 단계 하위 1단계: 글자를 보고 한 문장을 기준으로 25% 이하로 똑바로 읽기 하위 2단계: 글자를 보고 한 문장을 기준으로 70% 이하로 똑바로 읽기 하위 3단계: 글자를 보고 한 문장을 기준으로 75~100% 똑바로 읽기

출처: 이영자, 이종숙(1985).

〈표 4-7〉 연령별 책 읽기 발달

연령	책 읽기 발달
2~3세	• 성인과 함께 책 읽는 것을 매우 좋아한다. • 먼저 책을 가져와 읽어 달라고 조른다. • 좋아하는 책 혹은 같이 읽을 책을 가져오라고 하면 가져온다. • 혼자 책을 읽는 척한다. • 자발적으로, 혹은 성인이 물었을 때 그림을 보고 이야기한다. • 주인공의 행동을 모방한다.
3~4세	• 1~2권의 책을 선호한다. • 책이 없는 상황에서 그 안에 있는 구절을 말하면 그 책에서 나온 것임을 알아낸다. • 테이프로 이야기 듣기를 좋아한다. • 좋아하는 책들을 가지고 다니려 한다. • 성인이 잘못 읽었을 때 지적한다. • 이야기책에 나오는 사건들을 관련시켜 생각할 수 있다. • 유아교육기관에서의 이야기책 읽어 주기 시간에 기꺼이 참여한다. • 성인이 요청하면 함께 읽을 책을 고른다. • 글이 없는 책을 보고 이야기를 꾸며 말한다. • '쉬운 책'을 성인이 읽는 것처럼 읽는다.
4~5세	• 책에는 여러 종류가 있다는 것을 알며, 특히 좋아하는 유형의 책이 있다. • 좋아하는 책을 성인과 함께 읽을 때 어떤 부분은 성인 대신 자기가 읽으려고 시도한다.

| 5~6세 | • 간단한 문장이 반복되는 쉬운 책을 외워서 읽을 수 있다. |
| | • 여러 유형의 책을 좋아한다.
• 책 겉장에 있는 제목을 한 글자씩 짚으며 읽는다.
• 쉬운 책에서 글자를 보며 읽는다. |

출처: 이기숙, 김영실, 현은자(1993).

(2) 쓰기

쓰기는 유아 자신의 생각과 느낌을 창의적으로 만들고 표현하여 글을 읽는 상대방에게 전달하는 사회적 행동이다. 실수로 잘못 쓴 것 같은 글자의 형태도 보이면서 유아는 쓰기를 발달시켜 나간다.

쓰기 발달에서는 전단계의 쓰기 행동이 없어지고 새로운 쓰기 행동이 나타나기도 하지만, 이전 단계의 행동과 다음 단계의 쓰기 행동이 병행하여 동시에 나타날 수도 있다. 예를 들어, 창안적 글자 쓰기 단계의 유아가 긁적거리기로 쓰기를 동시에 보여 줄 수도 있다.

알파벳을 기반으로 하는 영어의 쓰기 발달은 슐츠비(Sulzby, 1985)와 쉬케단츠(Schickedanz, 2002)가 제시한 쓰기 발달 단계에 잘 나타나 있다.

〈표 4-8〉 쓰기 발달 단계

단계	내용
그림으로 쓰기	유아가 자신의 의사를 전달하기 위해서 그림을 그리면 이것은 쓰기의 한 형태다. 유아는 쓰기를 나타내기 위해 그림을 그리고 그림으로 쓰기가 의사소통의 목적으로 사용되는 것도 안다. 만약 유아가 이 그림은 쓰기가 아니라 그림이라고 분명하게 진술한다면 이것은 쓰기의 형태로 볼 수 없다. 그림으로 쓰는 유아는 자기가 그린 것을 읽을 때 실제 글자를 쓴 것처럼 그 그림을 읽는다.
긁적거리기로 쓰기	유아는 긁적거리기를 해 놓고 무엇인가 썼다고 한다. 가끔 쓰기에 나타나는 현상이 긁적거리기에도 나타나 왼쪽에서 오른쪽으로 긁적거리기를 하기도 한다. 이 긁적거리기 형태의 쓰기는 끝이 둥글거나 뾰족할 수도 있다.

글자 비슷한 형태로 쓰기	얼른 보면 유아의 쓰기 형태가 글자 모양 같기도 하다. 그렇지만 자세히 관찰해 보면 글자와 비슷한 형태일 뿐이다. 가능하면 유아의 설명이나 명칭을 이끌어 내도록 하는 것이 판단에 도움이 된다.
낱글자를 연속해 늘어놓으며 쓰기	자신의 이름 등에서 익힌 낱글자를 사용한다. 유아는 가끔씩 글자의 순서를 바꾸기도 하며 긴 줄 모양으로 연결되게 낱글자를 쓰기도 한다. 그러나 뜻을 파악하기는 어렵다.
창안적 글자 쓰기	표준철자법으로 쓰지 못할 때 단어의 철자를 만들어서 쓴다. 발명적 글자는 한 단어가 전체 음절을 나타내기도 하며 단어가 겹쳐지거나 적당한 간격이 없이 쓰이기도 한다.
표준적 글자 쓰기 (관례적 쓰기)	성인이 사용하는 방식대로 쓰는 것이다.

출처: Sulzby(1985).

⟨표 4-9⟩ **영유아의 쓰기 발달**

월(연)령	특징
12개월	쓰기 도구 자체에 대한 탐색을 함.
18개월	우연한 수직선의 출현 이후 의도적으로 수직선을 산출하기 시작 (끄적거리기 단계: 수직선)
19개월	수평선 긋는 것에 초점을 두어 끄적거리기 시작 (끄적거리기 단계: 수평선)
20개월	우연히 원형의 자국을 만들고 계속 여러 번 반복하여 시도하면서 쓴 글자에 이름을 붙이기 시작
22개월	수직선과 수평선을 그으면서 선 집단들을 분류하여 말하기 시작
23개월	"나도 쓸래."라는 말이 나타나기 시작 선의 의도적 반복과 경험한 선들로 구성하는 경향이 나타나기 시작
31개월	아이디어가 쓰는 행동으로 나타난다는 생각이 출현함. '무엇을 쓸까?' 하는 물음이 나타남. 알파벳 글자의 모방이 나타남(의도적 자형 출현).
32~42개월	자신의 이름이 어떤 글자로 구성되는지 말로는 알고 있으나 쓸 수는 없음.
3.5~4.5세	단어처럼 보이게 하는 것으로는 단어를 구성하지 못한다는 것을 알아차림.

5.5~6세	소리 나는 대로 쓰면 단어의 철자가 된다고 생각함. 자신이 쓴 것이 다른 사람의 것과 다르다는 것을 알기 시작하고 단어를 쓰는 것이 어려운 것이라는 생각을 갖게 됨. 이런 이유로 한동안 쓰지 않는 현상이 생김.
6~6.5세	철자 속에 묶음이 있다는 것을 알고 발견함. 철자를 바르게 쓸 수 없기 때문에 쓰기 싫어하는 현상이 나타남.
6.5세	표준적인 철자 표기가 나타남.

출처: Schickedanz(2002).

　　한글을 기반으로 하는 한국어의 쓰기 발달은 이영자, 이종숙(1985, 1990)의 유아의 쓰기 발달 단계 연구와 이기숙, 김영실, 현은자(1993)의 연령별 쓰기 행동 연구에 잘 나타나 있다.

〈표 4-10〉 **유아의 쓰기 발달**

쓰기 발달 단계	내용
1단계	긁적거리기 단계 하위 1단계: 글자의 형태는 나타나지 않으나 세로선이 나타나는 단계 하위 2단계: 글자의 형태는 나타나지 않으나 가로선이 나타나는 단계
2단계	한두 개의 자형이 우연히 나타나는 단계
3단계	자형이 의도적으로 한두 개 나타나는 단계
4단계	글자의 형태가 나타나고 가끔 자 · 모음의 방향이 틀리거나 부분적으로 틀린 단계
5단계	단어 쓰기 단계 하위 1단계: 완전한 단어 형태가 나타나고 자 · 모음 방향이 틀리거나 부분적으로 틀린 단계 하위 2단계: 완전한 단어 형태가 나타나고 자 · 모음 방향이 정확한 단계
6단계	문장 쓰기 단계 하위 1단계: 문장 형태가 나타났으나 부분적으로 틀리는 단계 하위 2단계: 틀린 글자 없이 완전한 문장 형태가 나타나는 단계

출처: 이영자, 이종숙(1985, 1990).

1단계: 하위 1단계	2단계	4단계

5단계: 하위 2단계	6단계: 하위 1단계	6단계: 하위 2단계

〈표 4-11〉 연령별 쓰기 행동

연령	쓰기 행동
2~3세	• '쓴 것'과 '그린 것'을 구별한다. • 연필, 볼펜, 사인펜 등 필기도구를 사용해 본다.
3~4세	• 쓰라고 요청받으면 쓴다. 그러나 아직 긁적거리기를 할 때가 많다. • 자기가 쓴 것을 성인에게 열심히 보여 준다. • 자기 이름에 있는 글자를 배운다. • 간혹 어떤 글자를 써 달라고 요구한다.
4~5세	• 여러 가지 글자 놀이(자석 글자, 글자 퍼즐 등)를 즐긴다. • 자기 이름을 쓸 줄 안다. • 성인이 자기가 한 말을 받아쓸 때 평소의 구어가 아닌 문어로 이야기한다. 다양한 목적에 맞게 쓰거나 다른 사람이 쓰도록 불러 준다. • 자기의 그림을 설명할 때, 친구의 생일 카드를 쓸 때, 규칙을 정하고 쓸 때 등 다양한 목적을 가진 쓰기 행위를 구별한다. 자발적으로 쓰려고 하며, 모르는 글자를 묻는다.
5~6세	• 여러 가지 상황에 맞는 글이 있음을 안다(생일 카드, 편지, 초청장 등). • 간단한 단어를 쓸 수 있다. • 여러 가지 쓰기 도구를 사용하여 쓴다. • 간단한 글을 써 보려고 한다.

출처: 이기숙, 김영실, 현은자(1993).

제5장 언어발달에 영향을 주는 요인

1. 개인적 요인

영유아의 언어발달에 영향을 주는 개인적 요인으로는 영유아의 지적 능력, 신체적 조건, 성별, 사회 · 정서적 상황 등이 있다.

영유아기에는 지능과 관련된 사고능력이 필수적으로 전제되어야 말하기, 듣기, 읽기, 쓰기의 언어발달이 잘 이루어질 수 있다. 또한 주위환경과의 직접적인 상호작용이 언어발달에 영향을 미치는데, 이러한 상호작용이 활발히 이루어지기 위해서는 영유아가 신체적으로 건강해야 한다. 즉, 영유아가 주위환경을 탐색하는 데 필요한 시각, 촉각, 청각 능력 등의 발달, 발음기관의 발달, 손과 눈의 협응 능력의 발달 등의 신체조건은 영유아의 언어발달에 중요한 요인으로 볼 수 있다.

언어발달에 있어서 남아, 여아의 성 차이가 있다는 주장과 차이가 나타나지 않는다는 주장이 동시에 존재하기 때문에 차이가 있다고 단정하기는 어렵다. 그러나 이러한 영유아의 개인차와 관련된 요인들은 영유아의 언어발달을 이해하기 위한 부분이므로 고려할 필요가 있다. 즉, 남아와 여아에 대한 문화 관습적 기대, 언어 자극의 차이, 호르몬과 뇌 구조의 차이로 인해 영유아기에는 여아가 남아보다 말하기 시작하는 시기와 문장 사용 시기가 더 빠르며, 사춘기까지는 어휘, 발음, 철자법, 문장 구성력, 문장 이해력, 언어 추리력에서 여아가 더 우수하다는 연구결과가 있다.

영유아기에는 사회·정서적 발달도 언어발달에 영향을 준다. 불안하거나 스트레스를 받는 상황에서는 언어발달에 필수적인 조건인 주위환경 탐색에 보다 적극적으로 참여할 수 없게 된다. 사회·정서적 상황이 안정되었을 때 다른 사람들의 말을 듣고 이해할 수 있고 상황에 맞게 언어로 반응할 수 있으며 쓰기를 통하여 자신의 의견을 표현할 수 있게 된다.

2. 가정환경 요인

영유아의 언어발달에 영향을 주는 가정환경 요인으로는 가정의 사회·경제적 위치, 부모, 형제자매 등을 들 수 있다.

사회·경제적 계층 간에 언어표현 양식의 차이, 가정의 사회·경제적 배경에 따른 도서 보유, 가정에서 부모, 형제자매 및 다른 성인들과 언어적 상호작용 유형과 태도 등에 따라 언어능력에 차이가 날 수 있다. 이러한 요인들을 통합하여 설명해 줄 수 있는 대표적인 용어가 가정의 문해 환경이다.

가정의 문해 환경이란 영유아의 문해 발달에 영향을 주는 가정의 인적·물적 환경을 말하며, 언제, 얼마나 자주, 어떤 환경에서 영유아가 문해 자료와 접하고 문해의 의미와 사용에 대해 인식하는지 결정하는 인간관계까지를 포괄한 의미다. 즉, 언어활동에 몰입할 수 있는 기회를 제공하는 가정환경을 말한다.

3. 교육환경 요인

영유아의 언어발달에 영향을 주는 교육환경 요인으로 교사, 학급의 크기와 교수–학습 방법, 교실의 문해 환경 등이 있다.

영유아교육기관에서 이루어지는 대부분의 상호작용이 영유아와 교사 사이에서 이루어지며, 이때 교사가 사용하는 언어는 영유아의 언어발달에도 많은 영향을 미친다. 교사의 언어 형태 유형에 영향을 주는 요인으로는 경력, 학력 수준, 연령, 가치관 등이 있다.

학급의 크기와 교수–학습 방법 측면에서는 학급의 크기가 작은 경우 긍정적 영향을 주며 크기가 증가할수록 대화가 줄어들게 되어 전체적인 언어적 상호작용에 참여하는 영유아들의 수도 줄어들 것이다. 또한 발달에 적합한 비지시적 읽기 지도, 적극적 · 자발적으로 영유아가 참여하도록 장려하는 교수–학습 방법이 효과적이다.

영유아 교육기관의 언어 환경을 효과적으로 구성하는 것과 적절한 교구를 제공하는 것은 영유아 언어교육의 가장 기초적이며 핵심적인 내용이다. 교실의 풍부한 문해 환경은 가정의 문해 환경 못지않게 영유아의 언어능력에 영향을 준다.

4. 미디어와 컴퓨터

미디어와 컴퓨터가 영유아의 언어발달에 미치는 영향에 대한 의견은 긍정적인 부분과 부정적인 부분이 공존하고 있다. 좋은 질의 프로그램은 언어발달에 도움을 준다고 하는 주장도 있는 반면에, TV 시청으로 인해 언어적 상호작용이 감소하게 되어 발달의 기회를 없애게 된다는 주장도 있다. 컴퓨터의 사용도 이와 동일한 양상을 나타낸다. 양질의 소프트웨어나 인터넷 사이트를 통해 언어발달에 효과적으로 활용할 수도 있지만, 홀로 고립되어 다른 사람과 언어적 상호작용을 할 기회를 놓칠 수도 있기 때문이다.

과도한 미디어의 시청으로 인해 독해 능력 부족, 듣기의 문제가 유발될 수 있고, 정확한 발음의 어려움, 보고 들은 것을 기억하거나 그 의미를 해독하는 것에 어려움을 경험할 수 있으며, 초인지적 인식의 발달에 방해를 받을 수 있다. 또한 가족과의 언어적 상호작용의 시간과 빈도 감소, 생활 경험이나 언어적 문제해결 연습 기회의 감소를 야기할 수 있다.

그러므로 미디어와 컴퓨터의 활용은 양질의 내용을 선택하는 것부터 시작하여 영유아와 충분히 상호작용할 수 있는 방향으로 이끌어서 고립되거나 상호작용이 줄어드는 단점을 보완해야 언어발달을 돕는 환경의 역할을 담당할 수 있다.

미디어 시청과 컴퓨터 사용 시 주의하고 고려해야 할 점은 다음과 같다.

- 사전 약속: 시간 제한, 프로그램 제한
- 어른과 함께 시청
- 좋은 프로그램에 대한 정보 제공
- 프로그램이 만들어지는 과정 이해

5. 지역사회환경 요인

영유아를 위한 지역사회 자원 활용의 대표적인 예로 지역 어린이 도서관과 북스타트를 들 수 있다.

어린이 도서관은 개별적으로 다양하고 풍부한 도서를 제공하기 어려운 가정에 도움을 줄 수 있는 지역사회의 문해 환경 자원이다. 어린이 도서관은 많은 양의 도서를 소장하고 있을 뿐만 아니라 관련 프로그램을 운영하기 때문에 유아교육기관의 프로그램 참여 및 견학 장소로도 활용할 수 있다.

북스타트는 북스타트코리아와 지방자치단체가 함께 펼치는 지역사회 문화운동 프로그램이다. 아가들의 정기 예방접종 시기에 해당지역 도서관, 보건소, 평생학습정보관, 주민센터 등에서 그림책이 든 가방을 선물한다. 북스타트는 아가와 부모가 그림책을 놓고 깔깔 웃고 춤추고 노래하고 함께 이야기하며 행복과 즐거움을 느낄 수 있게 하는 프로그램이다. 그림책을 매개로 아가와 부모가 풍요로운 관계를 형성하고 대화를 통해서만 길러지는 소중한 인간적 능력들을 심화시킬 수 있도록 돕는다.

6. 다문화가정

다문화가정의 자녀들은 말을 배우는 가장 중요한 시기인 영·유아기에 한국말이 서툰 외국인 부모의 양육하에 성장하기 때문에 언어발달이 늦어지고, 의사소통이 원활하지 못하게 될 확률이 높아 학습 부진과 부적응을 경험하게 되는 결과를 초래할 수 있다. 즉, 언어적 자극을 충분히 받기 어려운 다문화가정의 영유아는 언어체계 형성에 혼란을 겪을 가능성이 크고 언어학습 지원을 받기 어려워 언어발달의 부진으로 문제를 겪기 쉽다.

제2부

영유아 교육기관에서의
언어지도

제6장 영유아 언어지도의 내용

1. 표준보육과정(만 0~2세: 영아)

1) 의사소통 영역의 성격

의사소통 영역은 출생 후 첫 울음, 옹알이 등의 소리나 몸짓, 표정과 같은 비언어적 행동을 통해 자신의 감정이나 요구를 타인에게 전달하다가 점차 한 단어와 짧은 문장으로 다른 사람과 소통할 수 있는 기초를 이루는 영역이다. 또한 2세 영아가 기초적인 어휘와 의사소통 체제를 습득한 후에 듣고 말하기의 구어 능력이 향상되며 읽고 쓰기에 관심이 증진되어 자신의 느낌, 생각, 경험을 구어와 문어로 표현하는 능력을 기르고 다른 사람과 소통할 수 있는 기초를 이루는 영역이다.

만 0~1세 영아는 옹알이나 다른 사람의 목소리에 귀 기울이는 능력이 점차 향상되고, 고개 젓기 등의 몸짓으로 자신의 의사를 표현하는 등 다른 사람과의 의사소통을 위한 기초적인 능력이 향상된다. 이 시기의 영아는 타인이 자신에게 어떤 표정과 어투로 말을 거는가에 주의를 기울이다가 성인의 말을 모방하기도

한다. 생후 12개월경에는 첫 단어가 나타나며, 이후 24개월까지 약 200~300개의 어휘가 급격히 증가한다. 이러한 어휘를 사용하여 불완전하지만 짧은 문장으로 자신의 요구나 느낌을 표현하려고 한다. 이처럼 만 0~1세는 말하고 듣는 기초 능력이 급격히 발달하는 중요한 시기다. 또한 성인이 읽어 주는 그림책과 내용에 관심을 보이며 쓰기 자료가 주어질 경우 끼적이기에 관심을 보인다.

만 2세는 발음을 하는 조음능력, 어휘력, 문장구성이 놀랍게 향상되는 중요한 시기다. 사용하는 문장도 '빠방 가'처럼 명사와 동사로 이루어진 단순한 구조의 짧은 문장 길이를 유지하다가 점차 세 단어, 네 단어를 조합하여 이전에 비해 복잡한 문장을 말할 수 있게 된다. 말하는 양도 급격히 증가한다. 만 2세 영아는 자신에게 일어난 일을 다른 사람에게 그 사건의 처음과 중간, 끝을 어느 정도 맞추어서 말을 하는 것이 가능해지기도 한다. 성인과 대화를 할 때, 말하고 있는 내용에 대해서 두서너 번 정도는 같은 내용으로 대화를 할 수 있다.

2) 의사소통 영역의 목표

(1) 0~1세 의사소통 영역의 목표

말소리를 구분하고 의사소통의 기초를 마련한다.

가. 주변의 소리와 말소리 듣기에 관심을 보인다.
나. 표정, 소리, 몸짓으로 자신의 생각과 느낌을 표현한다.
다. 짧은 그림책이나 친숙한 환경 인쇄물에 관심을 가진다.
라. 끼적이기에 관심을 가진다.

(2) 2세 의사소통 영역의 목표

의사소통 능력의 기초를 기른다.

가. 다른 사람의 말과 짧은 이야기를 듣는 것을 즐긴다.
나. 자신의 생각과 느낌을 말로 주고받기를 즐긴다.
다. 그림책이나 환경 인쇄물에 관심을 가지며 글의 내용에 흥미를 가진다.
라. 글자 형태 끼적이기에 관심을 가진다.

3) 의사소통 영역의 내용

(1) 0~1세 의사소통 영역의 내용

의사소통 영역은 0~1세 영아가 주변의 소리와 말소리 듣기에 관심을 가지고 표정, 소리, 몸짓 등의 비언어적 행동으로 자신의 생각이나 느낌을 표현하면서 다른 사람과 소통할 수 있는 기초를 이루는 것이다. 동시에 짧은 그림책과 친숙한 환경 인쇄물 그리고 끼적이기에 관심을 가져 보는 영역이다.

① 내용체계

의사소통 영역에서는 영아가 듣고 말하기를 통해 다른 사람에게 자신의 욕구를 전달하고 다른 사람이 전하는 말을 이해하는 기초를 형성하며, 처음으로 접하는 그림책이나 환경 인쇄물에 관심을 갖고 끼적이기를 즐길 수 있도록 한다.

의사소통 영역은 듣기, 말하기, 읽기, 쓰기의 네 가지 범주로 구성되어 있다. '듣기'는 말하는 상대방을 보면서 주변의 소리나 말소리, 경험과 관련된 말, 운율이 있는 말을 듣고 그 의미를 알아 가는 경험을 포함한다. '말하기'는 상대방을 바라보며 자신이 말할 순서를 구별하여 자신의 욕구를 발성과 발음, 표정, 몸짓뿐 아니라 말소리로도 표현하는 경험을 포함한다. '읽기'는 짧고 간단하며 흥미로운 그림책이나 자주 접하는 친근한 환경 인쇄물에 대해 관심을 갖는 경험을 포함한다. '쓰기'는 손에 쥘 수 있는 자료를 활용하여 끼적이기를 시도하는 경험을 포함한다. 내용범주별 내용은 다음과 같다.

내용범주	내용
듣기	• 주변의 소리와 말소리 구분하여 듣기 • 경험과 관련된 말 듣고 알기 • 운율이 있는 말 듣기 • 말하는 사람을 보기
말하기	• 발성과 발음으로 소리 내기 • 표정, 몸짓, 말소리로 말하기 • 말할 순서 구별하기
읽기	• 그림책과 환경 인쇄물에 관심 가지기
쓰기	• 끼적이기

② 세부내용

내용범주	내용	1수준	2수준	3수준	4수준
듣기	주변의 소리와 말소리 구분하여 듣기	여러 가지 소리와 말소리 듣기에 흥미를 보인다.			친숙한 낱말의 발음에 흥미를 보인다.
		익숙한 목소리를 듣고 그것에 반응한다.			
				높낮이와 세기 등 말소리의 차이에 반응한다.	
	경험과 관련된 말 듣고 알기	눈앞에 보이는 경험과 관련된 말에 반응한다.			
			자신의 이름이 불리면 듣고 반응한다.		
	운율이 있는 말 듣기	운율이 있는 짧은 말소리를 관심 있게 듣는다.			
	말하는 사람을 보기	말하는 사람의 눈을 마주 바라본다.		말하는 사람의 표정, 몸짓을 관심 있게 본다.	
말하기	발성과 발음으로 소리 내기	여러 가지 소리를 내고 옹알이를 한다.		여러 말소리를 즐겁게 내 본다.	
				의미 있는 음절을 내 본다.	
		옹알이와 말소리에 대해 말로 반응해 주면 모방하여 소리 낸다.		교사의 말을 모방하여 발음한다.	
	표정, 몸짓, 말소리로 말하기	표정과 소리로 의사표현을 한다.	표정, 몸짓, 소리로 의사표현을 한다.	표정, 몸짓, 말소리로 의사표현을 한다.	

	말할 순서 구별하기	말할 순서에 따라 표정, 몸짓, 말소리로 반응한다.	
읽기	그림책과 환경 인쇄물에 관심 가지기	다양한 감각 책을 탐색해 본다.	
			사물과 주변의 친숙한 환경 인쇄물에 관심을 가진다.
		읽어 주는 짧은 그림책에 관심을 가진다.	
쓰기	끼적이기		끼적이기에 관심을 가진다.

(1) 2세 의사소통 영역의 내용

의사소통 영역은 2세 영아가 기초적인 어휘와 의사소통 체계를 습득한 후에 듣기·말하기의 구어 능력이 향상되고 읽고 쓰기의 관심이 증진되어, 자신의 생각, 느낌, 경험을 구어와 문어로 표현하는 능력을 기르고 다른 사람과 소통할 수 있는 기초를 이루는 영역이다.

① 내용체계

의사소통 영역은 듣기, 말하기, 읽기, 쓰기의 네 가지 범주로 구성되어 있다. '듣기'는 말하는 사람을 주의 깊게 보면서 그 사람이 전달하는 말소리나 짧은 문장, 짧은 이야기를 듣고 그 의미를 이해하는 능력을 기르는 내용이다. '말하기'는 상대방을 바라보며 자신이 원하는 생각이나 느낌을 낱말과 간단한 문장으로 전달할 수 있는 능력을 기르는 것이다. '읽기'는 짧은 그림책과 주변의 친숙한 환경 인쇄물에 흥미를 나타내는 것이다. '쓰기'는 손과 팔, 눈의 협응이 더 잘 이루어지면서 끼적이기를 즐기는 내용을 포함한다. 내용범주별 내용은 다음과 같다.

내용범주	내용
듣기	• 말소리 구분하여 듣고 의미 알기 • 짧은 문장 듣고 알기 • 짧은 이야기 듣기 • 말하는 사람을 주의 깊게 보기

말하기	• 낱말과 간단한 문장으로 말하기 • 자신이 원하는 것을 말하기 • 상대방을 바라보며 말하기
읽기	• 그림책과 환경 인쇄물에 흥미 가지기
쓰기	• 끼적이며 즐기기

② 세부내용

내용범주	내용	1수준	2수준
듣기	말소리 구분하여 듣고 의미 알기	친숙한 낱말의 발음에 흥미를 보인다.	친숙한 낱말의 발음에 관심을 가지고 듣는다.
		다양한 말소리의 차이를 구분한다.	
	짧은 문장 듣고 알기	낱말을 듣고 친숙한 사물과 사람을 찾아본다.	일상생활과 관련된 친숙한 낱말을 듣고 뜻을 이해한다.
		친숙한 짧은 문장을 듣고 반응한다.	
	짧은 이야기 듣기	짧은 이야기와 노랫말 등을 즐겁게 듣는다.	
	말하는 사람을 주의 깊게 보기	말하는 사람의 표정, 몸짓, 억양 등을 주의 깊게 보고 듣는다.	
말하기	낱말과 간단한 문장으로 말하기	눈앞에 보이는 친숙한 사물의 이름을 발음해 본다.	친숙한 낱말을 발음해 본다.
		일상생활에서 경험한 새로운 낱말에 관심을 가진다.	
		일상생활의 반복적인 일이나 친숙한 상황을 한두 낱말이나 간단한 문장으로 말해 본다.	
	자신이 원하는 것을 말하기	표정, 몸짓, 말소리로 의사표현을 한다.	
		자신이 원하는 것을 한두 낱말로 말해 본다.	자신이 원하는 것을 낱말이나 짧은 문장으로 말해 본다.
	상대방을 바라보며 말하기	말할 순서에 상대방을 바라보며 말을 주고받는다.	
읽기	그림책과 환경 인쇄물에 흥미 가지기	그림책과 환경 인쇄물에 있는 그림과 내용에 관심을 가진다.	
		친숙한 그림과 환경 인쇄물을 보고 읽는 흉내를 내 본다.	
		선호하는 그림책들을 읽어 주면 집중하여 듣는다.	
쓰기	끼적이며 즐기기	의도적으로 끼적인다.	
		자기 이름 끼적이기에 관심을 가진다.	

2. 누리과정 (만 3~5세: 유아)

1) 의사소통 영역의 성격

　의사소통 영역은 언어의 기본 형태인 구어와 문어를 활용하여 나와 다른 사람의 느낌이나 생각, 경험을 상황과 상대방에 알맞게 소통할 수 있는 능력을 기르는 영역이다. 또한 말과 글의 관계를 알고 읽기와 쓰기에 흥미를 가져 언어 사용을 즐기도록 하는 영역이다.

　유아기는 구어 사용 능력이 급격히 확장되고, 문어 사용에 대한 흥미와 이에 대한 기초 능력이 발달하는 시기다. 영아기에 주로 많이 사용되었던 몸짓, 표정 등의 비언어적 표현이 줄어들면서, 유아기에는 주변 생활에서 경험한 다양한 사물이나 사건에 대한 이야기를 이해하고 또 이를 적합한 어휘로 표현하는 것이 중요하다. 유아는 문장 내에 숨겨진 상대방의 의도를 해석할 수 있어야 하고, 자신의 생각이나 느낌 등의 의도를 상대방에게 적절히 전달할 수 있어야 한다. 또한 그림책이나 인쇄물처럼 철자로 이루어진 다양한 내용에 관심을 가지고 그 속에 담겨진 의미를 파악할 수 있어야 한다.

　유아기는 말의 조음이 완성되어 가는 시기다. 만 3세 때는 구사하는 어휘가 약 1,000개 정도이다가, 만 5세가 되면 약 2,200개 정도로 2배 이상 급증한다. 만 3세 때는 3~4개 낱말로 된 단문의 문장을 만들지만, 만 5세가 되면 점차 복잡한 문장을 만들 수 있고 이를 이해할 수 있게 된다. 만 3세 유아는 많은 질문을 하고 이에 답을 하면서도 '왜?' '어떻게?'라는 질문은 잘 이해하지 못 하나, 만 5세 유아는 대부분의 질문에 대해 적절한 답을 할 수 있게 된다. 만 3~5세 유아는 인쇄물의 글에 흥미를 보이고 다양한 그림책이나 본문을 읽는 것을 좋아하며, 자기 이름 글자 쓰기에 집중하기도 한다. 그러나 만 3~5세는 여전히 몸짓, 표정, 억양 등의 비언어적 표현 사용에 많이 의존하여 말과 글을 이해한다.

유아기에는 주변에서 친숙하게 경험한 사건을 적절한 낱말과 문장을 사용하여 전달하고, 타인의 생각과 느낌을 이해하는 데 중점을 둔다. 낱말과 문장을 읽거나 쓰도록 과제를 주는 것은 만 3~5세 유아에게 적합하지 않으므로, 읽기나 쓰기가 서로의 생각과 느낌을 전달하고 그 내용을 이해하는 과정임을 알고 그 과정에 흥미를 갖도록 하는 데 중점을 둔다.

의사소통 영역은 '듣기' '말하기' '읽기' '쓰기'의 네 가지 내용범주로 구성되어 있다. 이들 네 가지는 말과 글의 사용에 중점을 두고 서로 연관 지어서 경험하도록 한다. 의사소통 영역은 '듣고 말하며, 읽고 쓰기'라는 방법을 통해서 유아가 전달하고자 하는 의미를 구성하고, 상황에 맞게 표현하며, 타인이 보낸 의미를 잘 해석하여 이해하는 능력을 기르는 내용이 포함되어 있다.

의사소통 영역에서는 사회 구성원들이 약속한 복잡한 언어체계를 가르치려 하기보다 언어 사용에 대한 자신감과 즐거움을 느끼며 다른 사람이 전달한 구어나 문어의 내용을 이해하는 데 중점을 두어야 한다. 일상생활에서 자연스럽게 접하게 되는 내용을 말하고 듣는 기회로 활용하고, 생활 속의 환경 인쇄물을 자주 접하도록 하며 정확하지 않은 말과 글로 표현하더라도 그 의미를 존중해 주어 즐거운 언어 사용이 되도록 격려해 준다. 또한 유아가 그림책의 이야기 내용에 집중하도록 하여 저자가 전달하고자 하는 의도를 즐겁게 발견할 수 있도록 한다.

2) 의사소통 영역의 목표

일상생활에 필요한 의사소통 능력과 바른 언어 사용 습관을 기른다.

가. 다른 사람의 말을 주의 깊게 듣는 태도와 이해하는 능력을 기른다.
나. 자신의 생각과 느낌을 말하는 능력을 기른다.
다. 글자와 책에 친숙해지는 경험을 통하여 글자 모양을 인식하고 읽기에 흥미를 가진다.
라. 말과 글의 관계를 알고 자신의 생각, 느낌, 경험을 글로 표현하는 데 관심을 가진다.

3) 의사소통 영역의 내용

의사소통 영역은 유아가 일상생활에서 말과 글의 의미 있는 경험을 통해 자신의 느낌과 생각, 경험을 타인에게 표현하는 것을 즐기며, 타인이 말과 글로 전달하는 의미를 바르게 이해하는 능력과 태도를 기르기 위한 영역이다.

① 내용체계

의사소통 영역은 '듣기' '말하기' '읽기' '쓰기'의 네 가지 내용범주로 구성되어 있으며, 각 범주는 서로 연속해서 일어나는 행동이거나 밀접하게 연관된 내용이다. 유아가 듣기 위해서 말하는 사람이 있어야 하고, 자신이 듣다가 다음 순서에서 말을 해야 한다. 또한 대부분의 유아는 말하면서 쓸 수 있고, 다른 사람이 읽는 것을 듣고 즉시 자신의 생각을 말하거나 질문을 하기도 한다.

'듣기'는 일상생활에서 낱말과 문장을 듣고 이해하기, 좀 더 긴 구조를 지닌 이야기를 듣고 이해하기, 이야기 중에서 형식을 지니고 있는 동요·동시·동화를 듣고 이해하기, 그리고 다른 사람의 이야기를 주의 깊게 듣는 바른 태도를 형성하기에 중점을 둔다. '말하기'는 일상생활에서 다양한 낱말과 문장으로 말하고, 자신의 느낌과 생각, 경험을 말하거나 이야기를 지어서 말하며, 듣는 사람의 느낌과 생각을 고려하여 상황에 맞게 바르게 말하는 태도를 기르는 데 중점을 둔다. '읽기'는 주변에서 자주 접하게 되는 친숙한 글자를 찾아보고 자주 보았던 글의 내용에 관심을 가지며 책 읽기를 즐기도록 하는 데 중점을 둔다. '쓰기'는 자기 이름을 쓰는 데 관심을 보이고, 말이나 생각이 글로 나타낼 수 있음을 알아 글자와 비슷한 형태 등으로 표현해 보는 데 중점을 둔다. 또한 만 4~5세는 쓰기 도구를 사용해 보는 경험을 하도록 한다. 내용범주별 내용은 다음과 같다.

내용범주	내용
듣기	• 낱말과 문장 듣고 이해하기 • 이야기 듣고 이해하기 • 동요, 동시, 동화 듣고 이해하기 • 바른 태도로 듣기
말하기	• 낱말과 문장으로 말하기 • 느낌, 생각, 경험 말하기 • 상황에 맞게 바른 태도로 말하기
읽기	• 읽기에 흥미 가지기 • 책 읽기에 관심 가지기
쓰기	• 쓰기에 관심 가지기 • 쓰기 도구 사용하기

② 세부내용

내용범주	내용	3세	4세	5세
듣기	낱말과 문장 듣고 이해하기	낱말의 발음에 관심을 가지고 듣는다.		낱말의 발음에 관심을 가지고 비슷한 발음을 듣고 구별한다.
		일상생활과 관련된 낱말과 문장을 듣고 뜻을 이해한다.		다양한 낱말과 문장을 듣고 뜻을 이해한다.
	이야기 듣고 이해하기	다른 사람의 이야기를 관심 있게 듣는다.	다른 사람의 이야기를 듣고 이해한다.	
			이야기를 듣고 궁금한 것에 대해 질문한다.	
	동요, 동시, 동화 듣고 이해하기	동요, 동시, 동화를 다양한 방법으로 듣고 즐긴다.		동요, 동시, 동화를 다양한 방법으로 듣고 이해한다.
			전래 동요, 동시, 동화를 듣고 우리말의 재미를 느낀다.	
	바른 태도로 듣기	말하는 사람을 바라보며 듣는다.	다른 사람의 이야기를 주의 깊게 듣는다.	다른 사람의 이야기를 끝까지 주의 깊게 듣는다.

영역	내용			
말하기	낱말과 문장으로 말하기	친숙한 낱말을 발음해 본다.	친숙한 낱말을 정확하게 발음해 본다.	정확한 발음으로 말한다.
		새로운 낱말에 관심을 가진다.	다양한 낱말을 사용하여 말한다.	다양한 낱말을 사용하여 상황에 맞게 말한다.
		일상생활에서 일어나는 일들을 간단한 문장으로 말한다.		일상생활에서 일어나는 일들을 다양한 문장으로 말한다.
	느낌, 생각, 경험 말하기	자신의 느낌, 생각, 경험을 말해 본다.	자신의 느낌, 생각, 경험을 말한다.	자신의 느낌, 생각, 경험을 적절한 낱말과 문장으로 말한다.
			주제를 정하여 함께 이야기를 나눈다.	
			이야기를 지어 말한다.	이야기 지어 말하기를 즐긴다.
	상황에 맞게 바른 태도로 말하기		듣는 사람의 생각과 느낌을 고려하여 말한다.	
		상대방을 바라보며 말한다.	차례를 지켜 말한다.	때와 장소, 대상에 알맞게 말한다.
		바르고 고운 말을 사용한다.		
읽기	읽기에 흥미 가지기	주변에서 친숙한 글자를 찾아본다.		주변에서 친숙한 글자를 찾아 읽어 본다.
		읽어 주는 글의 내용에 관심을 가진다.		읽어 주는 글의 내용에 관심을 가지고 읽어 본다.
	책 읽기에 관심 가지기	책에 흥미를 가진다.		책 보는 것을 즐기고 소중하게 다룬다.
		책의 그림을 단서로 내용을 추측해 본다.		책의 그림을 단서로 내용을 이해한다.
			궁금한 것을 책에서 찾아본다.	
쓰기	쓰기에 관심 가지기	말을 글로 나타내는 것에 관심을 보인다.	말이나 생각을 글로 나타낼 수 있음을 안다.	
		자기 이름의 글자에 관심을 가진다.	자기 이름을 써 본다.	자신의 이름과 주변의 친숙한 글자를 써 본다.
			자신의 느낌, 생각, 경험을 글자와 비슷한 형태로 표현한다.	자신의 느낌, 생각, 경험을 글자와 비슷한 형태나 글자로 표현한다.
	쓰기 도구 사용하기		쓰기 도구에 관심을 가지고 사용해 본다.	쓰기 도구의 바른 사용법을 알고 사용한다.

제7장 **언어지도 교수방법**

영유아를 위한 언어지도의 일반적인 원리는 다음과 같다.

첫째, 놀이를 중심으로 한, 흥미롭고 매력적인 활동을 제공하여 영유아가 다양한 활동에 자발적으로 참여하도록 격려한다.

둘째, 각 영유아의 개별성을 고려하여 각 영유아가 보다 자신에게 적합한 활동을 즐길 수 있도록 연령, 언어발달 정도, 흥미 등의 개인차에 따라 다양한 수준별 활동을 제공한다.

셋째, 스스로 탐색하는 과정을 통해 언어발달에 자신감을 가질 수 있도록 영유아의 실수를 자연스럽게 인정하는 허용적이고 편안한 분위기를 조성한다.

넷째, 영유아의 일상생활과 연계하여 현재 진행되는 생활주제가 반영된 유아교육기관의 일과 속에서 언어활동이 자연스럽게 전개될 수 있도록 한다.

다섯째, 통합된 활동을 통해 듣기-말하기-읽기-쓰기가 모두 고르게 발달할 수 있도록 풍부한 자료와 활동을 제공한다. 또한 비언어적 · 언어적 의사소통을 모두 중시하며, 유아교육기관의 언어활동이 가정과도 연계될 수 있도록 한다.

1. 영아를 위한 언어지도 교수방법

1) 언어영역 구성

언어영역은 왕래가 빈번한 출입구, 소음과 물이 있는 피아노나 세면대 등과는 떨어진 곳으로 하고, 교실에서 가장 조용하고 밝은 곳에 배치하여 영아들이 조용하고 편안한 분위기 속에서 언어활동을 할 수 있도록 하며, 푹신한 등받이가 있는 쿠션이나 방석과 같은 안락한 비품들을 준비한다. 또한 교사와 함께 나란히 앉아 책을 읽어 줄 수 있을 만큼의 공간을 확보하는 것이 좋다.

[그림 7-1] 만 2세 영아를 위한 언어영역

2) 듣기 · 말하기 지도

(1) 지도원리

영아를 위한 듣기와 말하기 지도를 할 때 다음과 같은 점에 유의한다.

첫째, 듣기와 말하기는 서로 밀접하게 연관되어 있으므로 영아가 말소리뿐만 아니라 다양한 소리를 탐색할 수 있도록 다양한 활동을 제공하도록 한다.

둘째, 영아는 교사가 자신의 말에 반응하는 것을 보면서 듣기와 말하기에 더욱 관심을 가진다. 따라서 교사는 영아에게 언어발달의 모델이 되어 다양한 어휘와 그 개념을 습득할 수 있도록 돕는다.

셋째, 교사는 영아가 내는 소리 또는 하는 말에 즉각적으로 관심을 기울이고 반응한다. 영아가 의사소통의 원리를 배울 수 있도록 영아-성인 간 언어적 상호작용, 영아-영아 간 언어적 상호작용을 격려한다.

(2) 환경구성 및 자료

- 흔들어서 소리가 나는 놀잇감
- 그림, 사진, 그림책 같은 다양한 자료
- 모형전화기, 여러 가지 인형

[그림 7-2] 영아를 위한 말하기 · 듣기 영역

(3) 교사의 역할

듣기 지도에서의 교사의 역할은 다음과 같다.

첫째, 교사는 영아와 눈을 맞추고, 영아가 보내는 몸짓이나 표정과 같은 비언어적인 단서나 언어적 시도에 적극적으로 반응한다.

둘째, 영아가 자유롭게 만질 수 있고 흔들면 소리가 나는 장난감을 제공하고, 영아의 주의를 끌 수 있도록 손뼉 치기, 두드리기, 콧노래, 노래 등을 들려줌으로써 풍부한 언어적 자극을 제공한다.

셋째, 교사는 일상적인 상황에서 영아에게 구체적인 말을 들려주도록 한다. 예를 들면 손 씻기를 할 때도 "수돗물이야. 손 씻자. 물소리가 졸~졸 나네. 더 세게 틀어 볼까?"와 같이 이야기한다.

넷째, 교사는 영아에게 큰 소리, 작은 소리, 보통 목소리, 귀에 속삭이는 소리 등으로 말해 줌으로써 영아가 소리의 크기에 따른 감정의 변화를 느끼고 집중해서 듣는 태도를 기르도록 한다.

다섯째, 교사가 하고 있는 일이나 생각을 영아에게 짧은 이야기로 들려줌으로써 영아가 상황에 적절한 어휘와 표현을 익히도록 한다(여성가족부, 2005).

말하기 지도에서의 교사의 역할은 다음과 같다.

첫째, 교사는 인형, 그림, 사진, 그림책과 같은 다양한 자료를 준비하여 언어적 상호작용이 많이 발생할 수 있는 환경을 마련해 준다.

둘째, 교사는 영아의 쿠잉과 옹알이를 말을 하는 것과 동일하게 받아들이고 들어 주며, 눈을 맞추고 정다운 목소리로 반응하여 교사의 말을 영아가 모방하도록 한다.

셋째, 교사는 영아와 매일매일 대화를 통해 영아가 새로운 말과 발음을 익히고 의사소통 기술을 증진시킬 수 있도록 한다.

넷째, 교사는 영아가 말을 할 때, 기다려 주고 열심히 들어 천천히 말할 수 있도록 한다.

(4) 활동의 실제

활동명: 선생님과 만나요

활동목표
- 가족 외의 사람에게 관심을 가진다.
- 선생님과 눈을 맞추며 바라본다.

활동연령: 만 0~1세

표준보육과정 관련요소: 의사소통: 듣기 – 말하는 사람을 보기

활동자료: 없음

활동방법
1. 영아의 눈을 마주치고 이름을 불러 주며 인사한다.
   - 안녕? 만나서 반가워.
   - ○○(이)는 웃는 모습이 예쁘구나.
   - ○○(이)도 선생님을 바라보네.
2. 영아에게 보육실과 교사를 소개해 준다.
   - 선생님은 ○○(이)를 만나서 정말 기쁘단다.
   - 여기가 선생님과 재미있게 지낼 곳이란다.
3. 영아의 손, 발을 기분 좋게 만져 주며 듣기 좋은 목소리로 이야기해 준다.
   - 선생님이 안아 줄게.
   - ○○(이)를 안으니까 참 따뜻하구나.
   - (손을 만지며) 손이 포동포동.
   - (발을 만지며) 발이 포동포동.
4. 영아가 바라보는 것에 대해 반응해 준다.
   - ○○(이)가 선생님 입을 보는구나. 선생님 목소리가 나오지?
   - 선생님이 "○○아/야." 하고 불렀네.

유의사항
* 영아와 상호작용을 할 때는 서로 얼굴을 마주보며 친숙하게 애정을 표현해 준다.
* 영아의 옹알이, 몸짓에 교사는 눈을 맞추고 부드러운 목소리로 반응한다.

활동명: 색깔 친구 찾기

활동목표
- 색깔의 이름을 구분하여 말로 표현한다.
- 놀잇감의 색깔을 구별해 본다.

활동연령: 만 2세

표준보육과정 관련요소: 의사소통: 말하기 – 낱말과 간단한 문장으로 말하기

활동자료: 색깔 카드(빨강, 노랑, 파랑, 초록), 다양한 놀잇감이 들어 있는 바구니

활동방법
1. 영아에게 빨강, 노랑, 파랑, 초록 색깔 카드를 보여 준다.
   - 여기에 있는 카드를 보자.
   - 어떤 색깔이 있니?
2. 바구니 속 물건을 보여 주며 같은 색깔의 물건을 찾아본다.
   - 선생님이 들고 있는 빨강 색깔 카드를 보자.
   - (바구니 속 다양한 물건을 보여 주며) 이 빨간색과 같은 물건은 무엇이 있니?
3. 같은 방법으로 다른 색깔과 같은 색의 물건을 찾아본다.

유의사항
* 색을 구분할 수 없는 영아들에게는 함께 놀이하면서, "빨간 자동차구나. 노란 컵도 있네!"라고 자연스럽게 이야기해 준다.

(5) 기관과 가정의 연계

교사는 부모에게 일상생활에서 영아에게 많은 이야기를 들려주고 말하게 함으로써 자연스럽게 듣기 · 말하기 지도를 할 수 있음을 안내한다. 즉, 매일매일 씻을 때 영아가 손을 세숫대야에 넣고 탐색하도록 하고 '찰랑찰랑' '첨벙첨벙' 과 같은 단어를 들려줄 수 있으며 온도에 따른 물의 느낌을 '따뜻해요' '차가워요'와 같이 언어로 표현하도록 할 수도 있다.

3) 읽기 · 쓰기 지도

(1) 지도원리

영아기의 읽기 · 쓰기 활동의 주요 목표는 인쇄문자의 형태와 기능에 대한 개념을 증진시켜 주는 것이다. 따라서 영아를 위한 읽기와 쓰기 지도를 할 때 다음과 같은 점에 유의한다.

첫째, 영아에게 인쇄문자가 풍부한 환경이 제공되어야 한다. 구체적으로 동화책, 이름표, 표시 등을 접하게 하고, 놀이하며 끼적일 수 있는 쓰기도구를 제공한다.

둘째, 교사가 큰 책을 소리 내어 읽으며 손가락으로 글자를 짚어 주는 방법을 통해 영아는 인쇄된 글자가 말로 읽어지고 또한 말이 글자로 표현되었다는 것을 알 수 있다.

셋째, 교사는 체계적인 교수 계획에 따른 언어활동을 제공해야 한다. 아직 읽고 쓰기의 발달이 미흡한 영아에게 단순히 풍부한 문해 환경의 제공만으로는 충분하지 않다. 따라서 보다 세밀한 계획하에 다양한 활동을 제공하도록 한다.

(2) 환경구성 및 자료

- 영아가 혼자서도 넘기기 쉬운 딱딱한 종이책, 여러 가지 촉감을 느낄 수 있는 촉감책, 헝겊책, 비닐책 등 다양한 책
- 그림과 글자가 함께 있는 광고지, 영아의 사진이 들어 있는 가족 앨범 등(여성가족부, 2005).
- 복사지 크기 이상의 커다란 도화지, 신문지, 달력 뒷장 등과 같이 크기와 재질이 다양한 종이
- 무독성 크레용, 수성용 사인펜 등과 같은 필기도구

[그림 7-3] 영아를 위한 읽기 영역

[그림 7-4] 영아가 마음껏 쓰기를 탐색하도록 구성한 환경

(3) 교사의 역할

읽기 지도에서의 교사의 역할은 다음과 같다. 첫째, 교사는 영유아교육기관
의 환경에 풍부한 문해환경을 제공하여 읽기를 촉진한다. 둘째, 문학 작품을 활

용하여 영아와 활발한 상호작용을 한다. 교사는 영아를 무릎에 앉히고 그림책을 함께 보며 그림과 관련된 질문을 통해 영아가 이야기를 들으며 그림을 함께 보도록 한다. 셋째, 일상과 관련된 이야기나 자연의 변화에 대한 감정 표현하기 등 언어적 자극을 제공한다.

쓰기 지도에서의 교사의 역할은 다음과 같다. 첫째, 교사는 영아가 마음껏 끼적이고 쓸 수 있는 자료와 환경을 제공한다. 둘째, 쓰기의 기본이 되는 대·소근육 발달을 위한 다양한 활동을 제공한다.

(4) 활동의 실제

활동명: 『달님 안녕』 그림책 보기

활동목표
- 그림책에 관심을 가진다.
- 그림책을 본 후에 "안녕." 하고 말해 본다.

활동연령: 만 1세

표준보육과정 관련요소: 의사소통: 읽기 – 그림책과 환경 인쇄물에 관심 가지기
　　　　　　　　　　　　　　　　　말하기 – 표정, 몸짓, 말소리로 말하기

활동자료: 『달님 안녕』 그림책(글·그림 하야시 아키코, 2001, 한림출판사)

활동방법
1. 영아를 무릎에 앉히고 그림책을 본다.
  - 여기 그림책이 있네.
  - 그림책 속에 무엇이 있을까? 선생님과 함께 보자.
2. 그림책을 넘기면서 내용을 살펴본다.
  - "밤이 되었네. 봐요. 하늘이 깜깜해졌어요."
  - (지붕 위를 가리키며) "어? 지붕 위가 환해지네."
  - (달님을 가리키며) "아아! 달님이 떴어요." "달님, 안녕?"
  - (구름을 가리키며) "구름 아저씨! 안 돼요. 나오면 안 돼요. 달님이 우니까요."

"구름 아저씨, 비켜 주세요! 달님 얼굴이 안 보여요."

"미안 미안. 달님과 잠깐 이야기했지. 그럼 안녕! 또 만나요."

-(달님을 가리키며) "아, 나왔네! 달님이 웃고 있네. 달님, 안녕? 안녕하세요?"

3. 그림책을 다 본 후 영아와 교사도 인사놀이를 해 본다.

-달님에게 인사해 보자. 안녕~

-선생님과도 인사해 보자. 안녕~

-친구와도 인사해 보자. 안녕~

활동명: 모래 위에 써 보아요

활동목표

• 모래 위에 자유롭게 끼적이기를 한다.

• 감각적 경험과 즐거움을 갖는다.

활동연령: 만 2세

표준보육과정 관련요소: 의사소통: 쓰기 – 끼적이며 즐기기

활동자료: 모래, 다양한 모양의 통, 다양한 도구(면봉, 붓, 스펀지)

활동방법

1. 영아가 자유롭게 모래를 탐색할 수 있도록 다양한 모양의 통에 모래를 넣고 얇게 편다.

2. 교사는 모래를 탐색하는 영아와 상호작용을 한다.

-모래놀이를 하고 있구나!

-모래를 손으로 만져 보니 느낌이 어떠니?

3. 손가락을 이용하여 끼적거려 보도록 한다.

-손바닥으로 툭툭 쳐 볼까? 느낌이 어떠니?

-이번엔 손가락으로 쭉쭉 밀어 볼까? 느낌이 어떠니?

-그럼 손가락으로 그리고 싶은 것을 마음대로 그려 보자.

-모래 위에 무엇을 그린 거니?

-다시 손으로 그림을 쓱쓱 지우고 또 그려 볼까?

4. 다양한 도구를 이용하여 끼적이기를 시도해 보도록 한다.
　　-이번엔 면봉으로 그려 볼까? 느낌이 어떠니?
　　-붓으로 그리면 어떤 그림이 나올까?
　　-스펀지로도 그려 보자.

유의사항

* 실외놀이로 그늘에서도 할 수 있다.
* 영아가 모래를 입에 넣지 않도록 주의한다.

(5) 기관과 가정의 연계

영아가 어린이집에서 놀이하는 모습의 사진을
포켓 앨범에 꽂아 책으로 만들어 가정으로 보낸
다. 이와 함께 교사는 영아가 하루 동안 지낸 사
항을 일일통신문에 기록하고 전달하여 부모가 영
아에 대한 기본 정보를 알게 한다. 이를 토대로
부모는 영아와 포켓 앨범을 보며 어린이집에서
있었던 일상생활과 관련된 이야기를 나눌 수 있다.

또한 영아가 가정에서 목욕을 할 때 물에 뜨는 그림책을 욕조에 넣어 주어
자유롭게 탐색할 수 있도록 한다. 이때 부모가 상황을 언어로 묘사할 수 있도록
안내한다. 예를 들어 (부모가 그림책을 손으로 잡고 물속으로 넣으며) "그림책이 꼬
르륵 물속으로 들어갔네." "다시 그림책이 뿅 하고 올라왔어요."라고 한다. 그리

고 영아가 그림책을 넘기며 볼 수 있도록 돕
고 부모는 책 속의 상황을 묘사하도록 안내한
다. 물속에 그림책을 넣고 손가락으로 끼적이
기를 할 수 있다. 또한 목욕을 하기 전에 수성
마커로 욕실 타일에 끼적이기를 마음껏 하도
록 할 수도 있다.

2. 유아를 위한 언어지도 교수방법

1) 언어영역 구성

언어영역은 활동에 방해받지 않도록 조용하고 안정된 장소에 배치하되, 유아가 밝고 아늑한 분위기에서 편안하게 앉아 책을 읽을 수 있도록 푹신한 쿠션이나 소파, 낮은 책상 등을 제공한다. 유아기에는 듣기-말하기-읽기-쓰기 등의 활동이 영아기보다 활발하게 나타나므로, 다양한 언어활동이 고르게 촉진될 수 있는 풍부한 환경을 구성한다. 또한 현재 진행되는 주제를 반영하되, 각 유아의 발달단계와 흥미, 개인차를 고려한 수준별 자료를 제공하도록 한다.

[그림 7-5] 유아를 위한 언어영역

2) 듣기 지도

(1) 지도원리

듣기는 단순히 소리를 듣는 것만이 아니라 소리로부터 그 의미를 이해하는 것으로, 무엇을 어떻게 들어야 하는지와 관계된다. 유아를 위한 듣기 지도는 다음과 같은 점에 유의하도록 한다.

첫째, 의사소통 및 언어발달의 기본인 듣기의 중요성을 인식하도록 하루 일과 속에 듣기 시간 및 활동을 계획하고, 개별 활동 및 대·소집단 활동으로 제공한다. 자유선택활동 시간에 녹음 자료나 수수께끼 카드처럼 교구를 활용하거나 동화·동시 듣기와 같은 집단활동을 통해 다양한 듣기 지도를 할 수 있다.

둘째, 유아들이 잘 들을 수 있도록 편안하고 안정된 환경을 제공한다. 듣기 영역의 녹음 자료는 헤드셋을 같이 제공하고, 이야기 나누거나 동화 듣기는 방해받지 않는 조용한 공간에서 진행한다.

셋째, 유아의 올바른 듣기 태도 형성을 위해 교사는 자신이 듣기 활동의 모델이 되어야 한다. 교사는 유아의 말을 경청하며 고개를 끄덕이거나 "그래서 어떻게 되었니?" 등의 적절한 반응을 통해 유아에게 관심을 가지고 듣는 태도를 보여 준다.

(2) 환경구성 및 자료

- 유아용 녹음기, 헤드셋, 녹음기 사용설명서
- 교사가 녹음한 다양한 동화·동시 테이프, 관련 자료(동화책, 동시 자료)
- 다양한 동물과 자연의 소리, 사물의 소리 등이 녹음된 테이프, 관련 카드(사진이나 그림 카드)
- 상품화된 동화와 동시가 녹음된 CD, CD플레이어

[그림 7-6] 유아를 위한 듣기 영역

(3) 교사의 역할

첫째, 교사는 유아와 개별적으로 상호작용하며 대화하기를 즐기고, 유아와 대화하거나 활동할 때 문법적으로 정리된 체계적인 문장을 적절한 속도로 이야기한다. 아직 언어발달이 미숙한 유아는 말의 속도가 너무 빠르면 내용의 이해가 어렵기 때문에, 교사는 유아의 반응을 보면서 말하는 속도를 조절하도록 한다. 또한 유아가 들은 내용을 이해하였는지 확인하는 작업도 필요하다(예: 동화 듣고 회상하기 등).

둘째, 유아의 듣기능력 발달은 개별적인 차이가 있으므로, 유아가 자신의 수준에 맞게 선택할 수 있도록 다양한 수준의 활동을 제공한다. 예를 들어, 일상생활에서 들을 수 있는 다양한 소리나 동물 소리 변별하기, 친구 목소리 구별하기, 특정한 소리 듣고 흉내 내기, 다양한 악기 소리 듣기, 수수께끼, 동화나 동시 듣기, 언어적 지시가 있는 게임 등 다양한 활동을 개별 유아의 수준을 고려하여 제 공한다. 또한 유아의 연령을 고려하여 어릴수록 활동을 짧게 계획하고 교사의 음성이나 어조에 변화를 주어 흥미가 유지되도록 한다.

셋째, 교사는 유아가 하는 말에 언어적 또는 비언어적 반응, 감정이입, 질문 등을 함으로써 전달하고자 하는 내용에 집중하도록 한다. 이러한 교사의 듣기 태도는 유아에게 자신의 말을 교사가 인정하고 있다는 느낌을 전달하여 유아 역 시 말하는 사람에게 주의를 기울이며 경청하는 자세를 가지게 된다. 만약 교사 가 특정 유아와 이야기하고 있을 때 다른 유아가 말을 건넨다면 "지금 ○○(이) 와 이야기하고 있으니까, 조금만 기다려 줄래?"라고 이야기하며, 듣기에 집중하 는 모습을 보이도록 한다.

(4) 활동의 실제

> **활동명**: 어떤 악기의 소리일까?
>
> **활동목표**
> • 악기마다 다른 특징적인 소리를 변별한다.
> • 바른 태도로 주의 깊게 듣는다.
>
> **활동연령**: 만 3~4세
>
> **누리과정 관련요소**: 의사소통: 듣기 – 바른 태도로 듣기
>
> **활동자료**: 트라이앵글, 탬버린, 마라카스, 캐스터네츠
>
> **활동방법**
>   1. 교사와 유아는 원형으로 앉아 악기 소리를 들어 본다.
>   -오늘은 악기가 어떤 소리를 내는지 알아볼 거야.
>   -여기 무슨 악기들이 있니?
>   -눈을 감고 악기 소리를 들어 보자.
>   2. 교사는 유아들에게 오늘의 활동을 소개한다.

—여기 가운데 깔개 위에 악기를 모아 놓을게. 너희 중에 한 명이 나와서 이 중에서 2개의 악기를 골라 소리를 내어 보자.

— 나머지 아이들은 잘 듣고 있다가 처음에 어떤 악기 소리가 났고, 두 번째로 어떤 악기 소리가 났는지 알아맞혀 볼 거야.

3. 한 명의 유아가 나와서 악기 소리를 내고 들어가면, 유아들이 손을 든다.

—○○(이)가 말해 보자. 어떤 악기의 소리였니? 순서대로 말해 보자.

4. 소리를 맞힌 유아가 나와서, 악기 2개를 선택하여 소리를 낸다. 활동이 익숙해지면 악기의 개수를 3개, 4개로 늘리고, 유아들은 순서를 기억하여 악기 이름을 말한다.

확장활동

* 활동이 익숙해지면, 악기의 이름을 말하는 것보다 앞의 유아가 했던 것과 똑같은 순서로 악기 소리를 내 볼 수 있다. 예: 탬버린—트라이앵글—캐스터네츠로 소리를 냈으면, 다음 유아가 나와서 같은 순서로 악기 소리를 내고 들어간다.

(5) 기관과 가정의 연계

듣기 지도는 '언어전달' 활동을 통해 가정과 연계될 수 있다. '언어전달' 활동은 영유아교육기관에서 유아에게 특정한 단어나 문장을 들려주면, 유아들이 그것을 학부모에게 전달하고, 다음날 학부모가 수첩에 그 내용을 적어서 보내 주는 활동이다. 말 전달하기 활동인 '언어전달'에서 어린 연령은 쉬운 수준으로 단어만 전달하다가, 연령이 높아지면 단어를 늘려 하나의 문장을 전달하는 것으로 발전시킬 수 있다.

3) 말하기 지도

(1) 지도원리

말하기는 유아가 말하고자 하는 내용을 정확한 발음과 어휘를 사용하여 듣는 상대에 따라 적절하게 표현하는 것과 관계된다. 유아를 위한 말하기 지도는 다음과 같은 점에 유의하도록 한다.

첫째, 유아가 자유롭게 말하고 적극적으로 자신의 생각을 표현할 수 있는 허용적인 환경을 제공한다. 하루 일과 속에 상호작용과 의사소통을 촉진시키는 활동을 계획하여 유아에게 말할 기회를 많이 제공하고, 되도록 많은 유아와 개별적으로 상호작용한다. 이때, 유아가 실수하여도 자연스럽게 수용해 주어 유아들이 긴장하거나 부담감을 느끼지 않고 더욱 많이 말할 수 있도록 격려한다.

둘째, 유아의 수준과 개인차를 고려한 다양한 활동을 제공하여 유아가 정확한 발음과 다양한 단어를 활용한 문장을 구성하도록 돕는다. 영유아교육기관의 일과 속에서 유아가 정확한 발음으로 말하기, 듣는 상대를 고려하여 알맞은 속도와 음성으로 말하기, 친숙한 단어와 새로운 단어 모두 활용하여 말하기, 말하고자 하는 내용을 어순에 맞게 정리하여 말하기 등을 자연스럽게 경험할 수 있도록 한다.

셋째, 교사는 자신의 표현과 태도, 말하는 속도와 음성의 크기가 모델이 된다는 것을 인식하고, 간결하고도 문법적으로 올바른 문장을 사용한다. 정확한 발음으로 표준어를 사용하며, 언어적 표현과 함께 비언어적 표현(표정, 제스처 등)도 존중한다. 또한 일상생활에서 의성어와 의태어를 많이 활용하며, 유아의 연령과 이해수준을 고려한 새로운 단어를 점진적으로 추가하여 활용하도록 한다.

(2) 환경구성 및 자료

- 전화기, 무전기, 마이크
- 자신의 말을 녹음해 볼 수 있는 녹음기와 테이프
- 인형극장 틀과 손 인형, 손가락 인형, 막대 인형, 줄 인형 등의 다양한 인형
- 동물 · 가족 · 직업 · 교통기관 등의 생활주제가 반영된 가면, 모자, 머리띠, 목걸이
- 사람의 감정이나 다양한 상황이 나타난 그림 자료
- 유아가 이야기를 구성할 수 있는 다양한 자료(그림 · 융판 · 자석판 자료, 디오

[그림 7-7] 유아를 위한 말하기 영역

　　라마 등)

- 수수께끼의 정보가 있는 단어 카드
- 동극 때 사용했던 자료(머리띠, 대본, 무대 배경 및 소품 등)

(3) 교사의 역할

　　첫째, 다양한 종류의 말하기 활동을 통해 교실에서 활발하고도 의미 있는 상호작용이 일어나도록 한다. 유아가 흥미를 느낄 수 있는 매력적인 자료와 활동을 준비하여, 느낌이나 생각을 나누며 의사소통의 중요성을 경험할 수 있도록 대화, 이야기 나누기, 설명하기, 요구하기, 토의하기, 발표하기, 이야기 짓기, 동극, 역할놀이 등의 다양한 활동이 개별 활동 및 대·소집단 활동 속에서 진행될 수 있도록 한다.

둘째, 구체적 반응과 질문을 통해 유아의 말하기를 격려하며, 유아가 말하기에 자신감을 가질 수 있도록 돕는다. 유아가 무엇을 말할 때 교사는 조용히 경청하며 그 내용을 이해하려 노력하고, 사고를 자극하는 6하원칙(누가, 언제, 어디서, 무엇을, 왜, 어떻게)을 활용한 질문을 통해 유아가 보다 길고 완전한 문장을 말할 수 있도록 한다. 또한 아직 언어표현이 미숙한 유아가 "저기, 멍멍이."라고 말했을 때, 교사는 "저기 강아지가 이리로 오고 있네."라고 자연스럽게 다시 말하여 유아가 보다 완전한 문장을 경험할 수 있도록 한다.

셋째, 유아가 활동하면서 차례 지켜 말하기, 바른 태도로 말하기, 대화의 상대와 때/장소 등의 상황을 고려하여 말하기 등의 예절을 익힐 수 있도록 한다. 다양한 연령의 사람들과 말할 수 있는 기회를 제공하여 유아가 생활 속에서 자연스럽게 존댓말을 사용할 수 있도록 하며, 이야기 나누기 및 견학 활동을 통해 때와 장소에 따라 말소리의 크기를 적절하게 조절할 수 있도록 한다. 만약 아동 관찰을 통해 발음이 정확하지 않거나 계속 큰 목소리로 말하는 유아가 있다면, 발음기관이나 청각기관을 검사하도록 한다.

(4) 활동의 실제

활동명: 비밀상자 속에는 무엇이 있을까?

활동목표
- 다양한 낱말을 사용하여 해당 사물을 묘사한다.
- 자신의 생각과 느낌을 적절하게 표현한다.

활동연령: 만 3~5세

누리과정 관련요소: 의사소통: 말하기 – 낱말과 문자로 말하기
　　　　　　　　　　　　　　　느낌/생각/경험을 말하기

활동자료: 흥미영역에서 볼 수 있는 친숙한 놀잇감과 재료(예: 작은 크기의 동물인

형, 플라스틱 블록(레고), 미니카, 지우개, 사인펜, 안전가위, 주사위, 퍼즐
조각, 캐스터네츠, 돋보기, 트라이앵글 등), 불투명한 재질의 비밀 주머니

활동방법

1. 교사는 비밀 주머니를 보여 주며 오늘의 활동을 유아에게 소개한다.
   - 이 비밀 주머니 안에는 우리 반에서 볼 수 있는 것들이 들어 있어.
   - 너희 중에 한 명이 나와서 주머니 속에 어떤 것이 들어 있는지 수수께끼를
     낼 거야.
2. 한 명의 유아가 나와 주머니 속의 물건을 보거나 만져 보고 말로 표현한다.
   - 이것은 푹신푹신해. 색깔은 노란색이야.
   - 역할영역에서 볼 수 있어.
3. 다른 유아들이 손을 들고 자신이 생각한 것을 말하면, 교사는 주머니에서 그
   사물을 꺼내어 유아들에게 보여 준다.
   - ○○(이)는 그렇게 생각했구나. 우리 함께 꺼내 볼까?
4. 정답을 맞힌 유아가 나와 같은 방식으로 다시 수수께끼를 낸다. 총 2~3명의
   유아가 나와 수수께끼를 표현한 후, 교사는 이것을 언어영역에 제공한다.
   - 오늘 모두 같이 수수께끼를 내 보고 싶은데, 이제 바깥놀이를 나갈 시간이야.
   - 선생님이 언어영역에 놓을 거니까 오늘 해 보지 못한 사람들은 다음에 해
     보자.

유의사항

* 소리가 나서 금방 알 수 있거나 너무 크기가 크고 무거운 것은 제외한다.
* 유아가 언어표현에 성취감을 경험할 수 있도록 일상생활에서 친숙한 물체를 활용하
  되, 설명하기 어려운 물체는 제외한다.

(5) 기관과 가정의 연계

말하기 활동은 '말놀이' 활동을 통해 가정과 연계될 수 있다. 평소 학부모에
게 현재 진행되는 주제와 관련된 수수께끼, 끝말 잇기 등을 유아와 함께 하도록
권장하고, 종이를 오려 내면 인형이나 동물가면으로 활용할 수 있는 간단한 만
들기 자료를 보내어 가정에서 말하기 활동을 진행할 수 있도록 돕는다. 또한 연

령이 높은 유아의 경우, 교사가 그린 게임자료(그림카드)를 보내어 부모와 유아가 그림 카드를 비언어적인 몸짓이나 언어 표현으로 설명하는 게임으로 활용할 수도 있다.

4) 읽기 지도

(1) 지도원리

읽기는 유아가 글자—소리의 관계에 자연스러운 관심을 갖고 자발적으로 읽고자 하며, 글의 의미도 이해하는 것과 관계된다. 유아를 위한 읽기 지도는 다음과 같은 점에 유의하도록 한다.

첫째, 유아가 생활 속에서 글자가 필요한 이유나 글자의 기능을 실제 경험할 수 있는 다양한 활동을 제공하여 유아 스스로 읽고자 노력하도록 유도한다. 역할놀이의 음식점 메뉴판이나 친구에게 마음을 전하는 생일 카드, 유치원 바자회의 홍보 포스터 등을 통해 실제 생활에서 다양한 글이 필요함을 이해하고 글의 활용과 읽기 자체를 즐길 수 있도록 한다.

둘째, 읽기는 단순히 읽는 것이 아니라 그 의미를 파악하는 것까지 포함하므로 언어적으로 풍부한 문해환경과 활동을 제공한다. 교실의 각종 사물과 흥미영역의 교구에 이름표를 붙이고, 연령이 어린 유아에게는 글과 그림을 모두 활용하여 유아가 자연스럽게 글자와 친숙해지고 글을 읽고 싶은 환경을 구성한다. 그리고 동화를 읽은 후 그 의미까지 파악했는지를 알아보기 위하여 "네가 만약 주인공이라면 어떻게 하였을까?" 등을 질문해 보고 활동으로 전개해 본다.

셋째, 읽고자 노력하는 유아의 시도에 대해 긍정적으로 반응하여, 읽는 것을 어려워하거나 주저하는 유아가 자신도 스스로 읽을 수 있다는 자신감을 갖도록 격려한다. 읽기는 읽는 사람이 그 주제와 관련된 사전지식이 많을수록 더욱 효과적이고 의미 있는 활동이 되므로, 현재 진행되는 주제와 관련된 정보 제공 및 관련 활동을 통해 유아에게 보다 많은 성공의 기회를 제공한다.

(2) 환경구성 및 자료

- 생활주제와 연령에 적합한 다양한 종류의 도서(과학도서나 그림사전과 같이 정보를 주는 책, 그림동화책, 글 없는 그림책, 큰 책, 동시집, 전래동요책, 위인전 등)와 도서대
- 유아들이 만든 이야기책
- 독서 후에 사후활동을 할 수 있는 활동지(인상 깊은 부분 그리기, 앞/뒷이야기 짓기 등)
- 벽면에 게시된 동시 자료(동시판)
- 생활주제와 관련된 각종 인쇄물(신문, 지도, 잡지, 광고용 전단지, 전화번호부, 각종 팸플릿과 카탈로그 등)

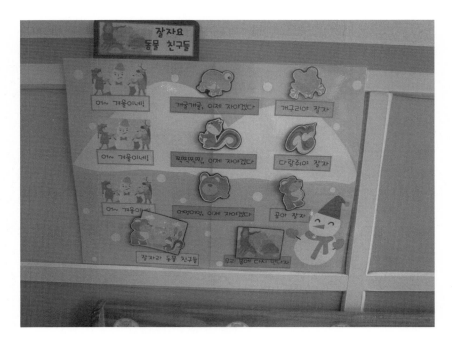

[그림 7-8] 유아를 위한 읽기 영역

(3) 교사의 역할

첫째, 영유아교육기관에서 가장 친숙한 읽기 자료인 동화책을 장르별로 다양하게 제공한다. 유아들이 경험할 수 있는 일상생활에서의 사실적 이야기를 다룬 그림책을 비롯하여 전래동화, 환상동화, 개념과 정보를 제공하는 책, 수 세기와 관련된 책(마리, 그루, 송이 등의 단위) 등을 제공하여 풍부한 소재를 읽을 수 있도록 한다. 연령이 어린 유아에게는 단순한 이야기 구조에 그림이 많고 반복적인 단어 사용을 통해 다음 상황을 예측할 수 있는 쉬운 책을 제공한다.

둘째, 유아가 원하는 자료를 선택할 수 있도록 유아의 흥미와 발달수준에 적합하고 다양한 자료와 활동을 제공한다. 글자 낚시, 글자 도미노, 촉감 글자판, 수수께끼 카드 등의 교구를 활용하거나 동화, 동시, 동요 등의 활동을 통해 자연스럽게 글자를 읽을 수 있도록 돕는다.

셋째, 책 읽기를 통해 책 자체에 대한 기본지식과 더불어 책을 통해 얻게 되는 새롭고 다양한 지식을 자연스럽게 경험할 수 있도록 한다. 동화책을 읽으며 유아는 책의 표지와 제목, 저자와 삽화가, 책을 소중히 다루는 방법, '읽는 것은 그림이 아니라 글이며 글자는 의미를 나타낸다.'와 같은 기본지식을 알게 된다. 또한 책을 읽음으로써 유아가 이미 알고 있던 사전지식이 확장되고 새로운 지식을 알게 되는 것을 경험하게 할 수 있다.

(4) 활동의 실제

활동명: 나를 찾아라

활동목표
- 글로 주어진 내용에 관심을 가지고 읽는다.
- 글에 써진 단서를 읽고 해당 동물을 찾는다.

활동연령: 만 4~5세

누리과정 관련요소: 의사소통: 읽기 – 읽기에 흥미 가지기

활동자료: 여러 동물이 그려진 농장 그림판, 각 동물의 색깔/크기/위치 등이 글로 써진 자료(책처럼 묶어서 제공)

활동방법

1. 교사는 책처럼 묶인 자료의 글을 읽어 주며 유아들이 해당 동물을 생각해 보도록 한다.

> –나는 노란색이야.
> –나는 작고, 나무 앞에 있어.
> –나는 삐약삐약 소리를 내.
> –나는 누구일까?

   –어떤 동물일까?
2. 유아들과 함께 농장 그림판을 보면서 해당 동물을 찾아본다.
   –그래, 병아리야.
   –다음엔 어떤 동물인지 글을 읽어 보자.
3. 다음 자료도 유아들과 함께 읽어 보고 해당 동물을 찾아본다.

> –나는 분홍색이야.
> –나는 아무거나 잘 먹고, 울타리 뒤에 있어.
> –나는 꿀꿀 소리를 내.
> –나는 누구일까?

4. 활동이 익숙해지면 유아끼리 읽고 해당 동물을 찾아보도록 한다.

유의사항

* 연령이 높아질수록 글의 내용과 분량을 점차 늘려서 난이도를 조절한다.

(5) 기관과 가정의 연계

읽기 활동은 '도서관 프로그램'을 통해 가정과 연계될 수 있다. 도서관 프로그램은 영유아교육기관의 다양한 도서를 유아들이 매주 금요일 한 권씩 빌려 주말 동안 가족과 함께 읽고 월요일에 반납하는 것이다. 또는 '함께 읽고 싶어요' 코너

를 마련하여 유아가 집에 있는 자신의 책을 월요일에 유치원으로 가져와 일주일 동안 친구들과 공유하다가 금요일에 다시 집으로 가져가는 방법으로 운영할 수도 있다. 또한 가정통신문을 통해 주변의 도서관 및 어린이 서점, 새로 나온 좋은 그림동화책 등을 추천하여 유아가 가정에서도 읽기를 즐길 수 있도록 한다.

5) 쓰기 지도

(1) 지도원리

쓰기는 눈과 손의 협응력, 소근육의 발달, 유아의 사고력과 상상력, 문법이나 마침표 등의 문자언어에 대한 기본지식과 관계된다. 유아를 위한 쓰기 지도는 다음과 같은 점에 유의하도록 한다.

첫째, 영유아교육기관의 일상 속에서 자연스럽게 쓰기의 즐거움을 경험할 수 있도록 수용적인 분위기를 조성하고 풍부한 활동을 제공한다. 유아가 쓰기에 부담을 가지지 않고 다양한 쓰기활동을 자발적으로 시도하며 이를 통해 성취감을 가질 수 있도록 지속적으로 격려한다.

둘째, 유아의 발달단계와 관계되어 나타나는 글쓰기의 특징을 이해하고 수용하도록 한다. 쓰기는 필기도구를 쥘 수 있는 손의 힘이나 눈과 손의 협응력이 필요하므로 모래놀이, 찰흙놀이, 구슬 끼우기, 가위질, 바느질 등의 활동을 제공한다. 또한 창안적 글자, 거꾸로 써진(방향이 다른) 글자, 소리 나는 대로 쓰기 등은 바르게 쓰기를 강조하는 직접적 수정보다는 교사가 바르게 써 준 것을 통해 유아가 그 차이점을 인식하도록 돕는다.

셋째, 교사는 쓰기활동의 모델로서 글자 쓰는 순서, 바른 글자체, 띄어쓰기, 마침표 찍기, 왼쪽에서 오른쪽으로 쓰기, 정확한 문법 등과 같은 문자언어와 관련된 지식을 보여 준다. 평소 유아의 경험과 느낌을 글씨로 적어 주는 활동을 많이 제공하고, 글을 쓰면서 "선생님은 지금 바다를 쓰고 있어. 바-다"와 같이 그것을 다시 소리 내어 읽어 주어 유아가 말-글의 관계를 인식하며 글자를 잘 관찰할 수 있도록 한다.

(2) 환경구성 및 자료

- 다양한 크기·재질·모양의 종이, 여러 필기도구(연필, 크레파스, 색연필, 사인펜, 볼펜, 매직펜 등), 지우개
- 자음과 모음의 자석글자와 화이트보드, 자음과 모음으로 된 부직포 글자와 융판
- 필순 카드, 자모음 카드, 유아들이 따라 쓸 수 있는 다양한 그림 카드
- 유아용 소형 칠판과 다양한 색분필, 화이트보드와 마커
- 컴퓨터와 프린터
- 생활 주제와 연관된 그림사전 만들기, 작은 책 만들기 자료(각종 그림도안 자료, 색연필, 연필, 지우개 등)
- 궁금한 낱말을 기록할 수 있는 단어기록수첩
- 편지 쓰기와 관련된 자료(다양한 색과 모양의 색지, 스탬프 도장 — 고마워, 사랑해, 미안해 — 과 잉크, 유아들이 보고 따라 쓸 수 있는 간단한 편지의 내용 — 생일 초대, 미안함이나 고마움의 표시 등 — 이 써진 카드, 편지봉투 등), 우편함
- 동화책이나 동시와 관련된 사후활동지(동시 듣고 그림 그리기, 동시의 빈칸을 재구성하기, 동시 개작하기 등)

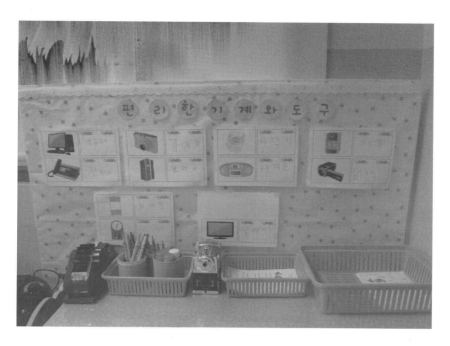

[그림 7-9] 유아를 위한 쓰기 영역

(3) 교사의 역할

첫째, 글자 자체에 흥미를 가질 수 있는 활동을 통해 글자를 더욱 친숙하게 느끼도록 한다. 몸이나 기다란 끈을 활용하여 글자 표현하기, 손으로 만지는 촉감 글자판(사포, 비닐, 헝겊 등 그 재질이 다른 재료로 글자를 만든 것) 활용하기, 자음과 모음의 스탬프를 찍어 글자 구성하기, 여러 개의 점을 따라 선을 그어서 원하는 단어 완성하기, 속은 비고 테두리만 있는 글자를 색칠하기 등을 통해 글자에 관심을 갖도록 돕는다.

둘째, 타인과 상호작용을 돕는 쓰기의 기능을 놀이 속에서 인식할 수 있도록 자연스럽게 글을 쓸 기회를 많이 제공한다. 자신의 그림에 이름을 붙이기, 친구에게 카드나 편지 쓰기, 생활주제와 관련된 그림사전 만들기, 관찰일지, 동화책을 재구성한 앞이야기나 뒷이야기 짓기, 동시 개작하기, 쌓기놀이나 역할놀이의 소품(메뉴판, 동물원 입장권 등) 제작 등의 다양한 활동을 진행하고, 유아가 쓴 글들을 언어영역에 자주 전시하여 다른 친구들과 공유할 수 있도록 한다.

셋째, 자신의 느낌과 생각을 글로 표현할 수 있도록 다양한 쓰기 재료를 제공하여 유아가 원할 경우 언제나 쓸 수 있도록 준비한다. 다양한 색상·모양·크기의 종이, 부드럽게 잘 써지는 다양한 필기도구, 유아용 작은 칠판과 분필, 작은 크기의 화이트보드와 마커를 제공하고, 지우개도 준비하여 내용을 곧바로 수정할 수 있도록 한다. 또한 간단한 팝업이나 아코디언 기법을 활용한 북아트 활동을 통해 더욱 매력적인 글쓰기를 진행할 수도 있다.

(4) 활동의 실제

활동명: '운동'과 관련된 그림사전 만들기

활동목표
• 몸을 건강하게 해 주는 다양한 운동의 종류에 대해 안다.
• 자신의 생각을 글과 그림으로 표현한다.

누리과정 관련요소: 의사소통: 쓰기 – 쓰기에 관심 가지기

활동자료: 운동하는 모습이 다양하게 그려진 그림 자료(축구, 농구, 야구, 배구, 탁구, 테니스, 수영, 태권도, 자전거, 줄넘기, 스케이트, 스키 등), (교사가 제작한) 작은 책, 풀, 가위, 색연필 등

활동연령: 만 4~5세

활동방법
1. 유아에게 몇 개의 그림 자료를 보여 주며 운동의 경험에 대해 이야기 나눈다.
   -이 그림은 무슨 운동이니?
   -이 운동을 해 보았니?
2. 유아들은 자신이 좋아하는 운동이 그려진 그림을 선택하여 붙인다.
   -○○(이)는 어떤 운동을 가장 좋아하니? 좋아하는 운동의 그림을 찾아보자.

---

3. 유아들은 붙인 그림에 색칠하고 운동의 이름을 글로 쓰거나, 운동과 관련된 문장을 글과 그림으로 표현한다.
   - 그림은 여기 책에 붙이고, 운동의 이름을 써 보자.
   - (그림을 보며) 어떻게 야구를 가장 좋아하게 되었는지 글로 써 보면 어떨까?
   - (그림을 보며) 이 운동을 언제 누구랑 같이 했었는지 그림도 그리고, 간단하게 글도 써 보자.
4. 그림사전이 마무리되면 다른 친구들에게 자신의 그림사전을 소개하거나, 언어영역에 비치하여 친구들과 공유한다.
   - 이렇게 그림사전을 만들어 보니 느낌이 어떠니?
   - ○○(이)가 만든 그림사전의 좋아하는 운동을 반 친구들에게 소개해 보면 어떨까?

유의사항

* 북아트 기법을 활용하여 조금 더 매력적인 방법으로 작은 책을 제작할 수 있다.
* 그림 자료 이외에 신문이나 잡지의 사진을 활용할 수도 있으며, 유아가 그림을 그린 후 그 제목과 관련된 글을 쓸 수 있도록 한다.

(5) 기관과 가정의 연계

쓰기 활동은 '궁금한 낱말 모으기 수첩'이나 '컴퓨터를 활용한 조사하기'를 통해 가정과 연계될 수 있다. '궁금한 낱말 모으기 수첩'은 유아가 작은 수첩을 가지고 유아교육기관과 가정을 오가며 때로는 교사에게, 때로는 학부모에게 궁금하거나 쓰기 어려운 단어를 말하면 교사나 학부모가 그 단어를 써 준다. 이후 유아는 그 단어를 수첩에 3번 정도 쓴 후, 수첩을 가지고 다니면서 참고자료로서 사전처럼 활용한다. '컴퓨터를 활용한 조사하기'는 부모와 함께 궁금한 정보를 컴퓨터로 검색하고 이를 통해 알게 된 지식을 글로 다시 써 오는 활동으로, 컴퓨터를 활용한 문해능력도 발달시킬 수 있다.

6) 문자가 포함된 교실환경

오늘의 날짜를 알려 주는 날짜판

반 친구의 생일을 알려 주는 생일판

오늘의 도우미

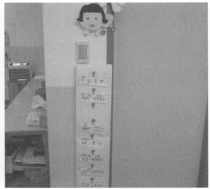
오늘의 하루 일과 순서

출석표

영역 표지판

자유선택활동 시간의 놀이계획

조형영역의 유아작품 분류 바구니

조형영역 재료의 자리 표시

조형영역의 색종이 접기 순서도

음률영역의 노래 자료

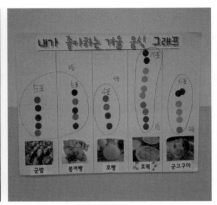

수영역의 활동 그래프

과학영역의 애완동물 관련 정보

제8장 **영유아교육기관에서의 언어활동**

1. 이야기 나누기

이야기 나누기는 교사와 영유아가 상호작용하며 경험과 지식을 나누는 활동으로, 영유아들은 타인의 의견을 조용히 경청하고 서로의 경험을 나누는 과정에서 새로운 단어나 개념을 습득하고 나와 다를 수 있는 타인의 의견도 존중해야 함을 알게 된다. 이야기 나누기는 하루 일과 계획하기를 비롯하여 현재의 주제와 관련된 경험 나누기, 토의를 통한 규칙 만들기, 주말이나 방학을 지낸 이야기, 견학에서 인상 깊었던 경험 나누기 등 다양하게 진행될 수 있다. 이야기 나누기가 교사 중심의 일방적 활동이 아니라, 영유아가 적극적으로 참여하는 흥미로운 활동이 되기 위해서는 교사의 세심한 계획이 필요하다.

1) 계획 단계

- 교사는 주제나 내용을 정하고, 그것이 영유아의 흥미, 연령, 발달단계에 적합한지 검토한다.

- 보다 효과적인 내용의 전달을 위해 실물, 동영상, 그림이나 사진 자료 중에서 적절한 자료를 선택하고, 실물 화상기 또는 빔 프로젝터와 같은 기자재의 사용 여부를 결정한다.
- 한 번에 너무 많은 내용이 제시되지 않도록 유의하며, 연령에 따라 10~15분 전후로 활동을 계획한다.
- 하루 일과 중에서 이야기 나누기를 언제 할 것인지 계획한다. 이야기 나누기는 오전에 많이 실시되지만, 오후 시간이나 실외 공간 등 상황에 따라 융통성 있게 진행한다.

2) 도입 단계

- 활동이 방해받지 않으면서 모든 영유아가 앉을 수 있는 공간에 영유아들은 바닥과 의자에 두 줄로 나누어 앉는다.
- 교사는 주제와 관련된 손유희, 궁금이 상자, 수수께끼, 그림 카드 퍼즐 맞추기, 패턴 카드 배열하기 등의 다양한 방법으로 영유아의 주의를 집중시킨다.
- 교사는 간단한 소개를 한 후 질문을 통해 앞으로 전개될 내용과 영유아의 사전경험을 연계하거나, 영유아가 새로운 정보에 호기심을 가질 수 있도록 격려한다.
- 영유아의 동기유발을 위한 주의집중 자료는 필요하지만, 도입이 너무 길어지지 않도록 유의한다.

3) 전개 단계

- 교사는 주의 깊게 관찰한 후 영유아의 개인차와 수준을 고려한 질문을 통해 모든 영유아가 이야기 나누기의 내용을 이해하고 고르게 참여할 수 있

도록 돕는다.

- 교사는 비슷한 답변보다는 다르게 생각한 영유아가 있는지를 지속적으로 확인하여 보다 창의적이고 다양한 의견이 심도 있게 교환될 수 있도록 허용적 분위기를 조성한다.
- 교사는 되도록 많은 영유아와 눈을 맞추며 표준어와 정확한 발음, 영유아가 이해할 수 있는 어휘와 문장으로 말하고, 때로는 목소리를 의도적으로 작게 조절하여 영유아들의 주의집중력을 조절한다.
- 교사는 무엇을, 어떻게 등을 포함하는 개방형 질문을 통해 영유아의 사고와 지식을 확장시키고, 질문 후에는 시간적 여유를 주어 영유아들이 충분히 생각하여 보다 자세하고 구체적인 대답을 할 수 있도록 배려한다.
- 영유아들은 자신이 이야기하고자 할 때 조용히 손을 들고 자신의 차례가 되면 말하고자 하는 것을 타인이 이해할 수 있도록 말한다. 이러한 과정에서 발표력이 향상될 수 있다. 또한 다른 영유아가 말하고 있을 때는 조용히 경청함으로써 다른 의견을 존중하고 새로운 정보도 습득할 수 있음을 경험할 수 있다.

4) 마무리/평가 단계

- 교사는 함께 이야기 나누었던 내용을 회상하는 과정에서 교사가 의도한 내용이 잘 전달되었는지, 영유아들이 어느 정도 이해하였는지를 확인할 수 있다.
- 교사는 영유아의 반응을 평가하며 그들의 지식과 사고의 확장 정도를 파악하고, 사후 활동을 어떻게 연계시킬지 계획한다.
- 또한 교사는 자신이 일방적으로 주도하지는 않았는지, 영유아의 참여를 유도하였는지 다시 한 번 생각해 본다.

활동명: 겨울옷을 입어요

활동목표
- 겨울 옷차림에 대해 안다.
- 겨울에 따뜻하게 해 주는 물건들의 이름을 말해 본다.

활동연령: 만 2세

표준보육과정 관련요소: 의사소통: 말하기-낱말과 간단한 문장으로 말하기

활동자료: 겨울 날씨 사진, 외투, 목도리, 모자, 장갑, 털실 양말, 귀마개 등

활동방법
1. 겨울 날씨 사진을 보며 어떤 옷이 필요한지 이야기 나누어 본다.
   - (겨울 날씨 사진을 붙이며) 오늘은 추운 날씨에 밖에 나갈 때 어떤 옷을 입어야 하는지 알아볼 거야. 어떤 옷을 입어야 할까?
2. 영아가 말하는 것들을 직접 입어 보게 한다.
   - "외투를 입어요." "목도리를 둘러요." "모자를 쓰세요."
     "장갑을 끼세요." "털실 양말을 신어요." "귀마개를 덮어요."
3. 영아가 교사의 말을 따라 하며 직접 벗어 보게 한다.
   - "외투를 벗어요." "목도리를 풀어요." "모자를 벗어요."
4. 영아와 함께 제자리에 정리해 보도록 한다.

유의사항
* 영아가 재미있게 즐기면서 따라 할 수 있도록 말의 리듬을 빠르거나 느리게, 크거나 작게 한다.

활동명: '태극기'에 대해 알아보아요

활동목표
- 우리나라의 국기인 태극기에 관심을 갖는다.
- 국기에 대한 예절을 알고, 애국심을 기른다.

활동연령: 만 5세

누리과정 관련요소: 의사소통: 듣기—바른 태도로 듣기

　　　　　　　　　 말하기—낱말과 문장으로 말하기

　　　　　　　　　 읽기—읽기에 흥미 가지기

활동자료: 태극기(융판 칠판에 붙일 수 있는 작은 크기의 실물), 국기에 대한 경례 (음향), 국기 보관함, (가정에서) 국기가 게양된 모습의 사진

활동방법

1. 태극기와 관련된 경험에 대해 이야기를 나눈다.
   - 오늘은 우리나라를 나타내는 국기에 대해 알아볼 거야.
   - (작은 크기의 실물 태극기를 칠판에 붙이며) 태극기를 본 적이 있니? 어디서 보았니?
2. 태극기의 생김새를 살펴보며, 각 부분의 이름에 대해 알아본다.
   - 태극기는 어떻게 생겼니? 가운데 무엇이 있니?
   - 왜 태극기라는 이름을 붙였을까?
   - 태극기의 위와 아래는 어떻게 알 수 있니?
3. '국기에 대한 경례'를 들려주며, 국기에 대한 예절을 이야기한다.
   - 이 '국기에 대한 경례'를 들어 본 적이 있니?
   - 언제, 어디서 들어 보았니?
   - 이 소리가 나오면 사람들이 어떻게 했니?
   - ○○(이)가 앞에 나와서 어떻게 하는지 보여 주겠니?
4. 유아들과 함께 '국기에 대한 경례'를 연습해 본다.
   - '국기에 대한 경례'는 왜 하는 걸까?
   - 어떤 마음을 가지고 어떤 자세로 해야 할까?
5. 태극기를 소중히 여기는 태도에 대해 이야기 나누고, 다음 활동을 안내한다.
   - (국기가 게양된 모습을 보여 주며) 혹시 집에서 태극기를 달아 본 적이 있니? 태극기는 언제 달까?
   - 우리나라 국기인 태극기는 어떻게 보관해야 하는 걸까?

유의사항

* 유아가 경험하였던 영유아교육기관의 입학식이나 졸업식 등의 사진이나 동영상을 보여 주며 국기에 대한 예절과 애국심을 가질 수 있도록 한다.
* 영유아교육기관에서는 국경일에 국기를 걸고 보관하며, 그것을 유아들이 보고 함께 참여할 수 있도록 한다.

2. 동화

동화 감상은 교사가 소집단의 영유아들에게 동화를 들려주고 그 느낌을 이야기해 보는 활동이다. 영유아들은 전래 동화, 환상 동화, 생활 동화 등의 다양한 동화를 통해 현재 진행되는 주제와 관련된 개념과 새로운 지식을 습득하거나 특정상황에 적절한 단어와 문장 표현을 경험한다. 또한 동화의 기승전결 구조는 이야기의 구조에 대한 지식을 발달시킬 수 있다. 영유아교육기관에서 일상적으로 다루어지는 동화 감상이 보다 교육적으로 의미 있는 활동이 되기 위해서는 다음과 같은 단계가 필요하다.

1) 계획 단계

- 교사는 영유아의 연령 및 주제를 고려하여 대·소집단 활동으로 읽기에 적합한 동화를 선택한다. 동화를 선정할 때는 영유아가 동일시하거나 자주 접할 수 있는 등장인물, 영유아의 일상과 밀접한 내용, 흥미롭고 매력적인 삽화, 동화의 내용을 잘 묘사하는 글, 페이지당 적절한 글과 그림의 비율, 줄거리 예측이 가능한 반복적 내용의 기승전결 구조 등을 고려하여 선택한다.
- 동화 선정 후, 교사는 효과적 전달을 위해 그림 동화, 융판 동화, 자석 동화, 막대 동화, 앞치마 동화, 슬라이드 동화, 테이블 동화, TV 동화, PPT 동화와 같이 다양한 매체를 활용한 동화 중에서 어떠한 매체를 선택할 것인지 결정한다.
- 대그룹으로 동화 감상을 할 경우 영유아들이 벽을 바라보는 장소를 선택해 주의가 산만해지지 않도록 하며, 눈이 부시지 않도록 광선이 영유아의 등쪽으로 오는지, 시트지로 감싼 자료나 코팅한 자료가 반사되지는 않는지 등을 살펴본다.

2) 도입 단계

- 동화의 제목을 알려 주고, 어떤 이야기가 나올지 예측하게 한다. 이때, 영유아들의 호기심을 자극하도록 등장인물과 관련된 손 인형을 활용하여 동화 속의 내용이나 사건을 간단히 소개할 수도 있다.
- 동화 읽기를 시작하기 전, 질문을 통해 동화의 내용을 추측해 보거나 동화 내용과 유사한 영유아의 사전경험을 관련지어 이야기 나눌 수도 있다.
- 표지를 보며 동화 제목, 저자, 삽화가 등을 같이 살펴보면서 동화에 대한 흥미를 유발시킨다. 만약 제목이 새롭고도 어려운 단어일 경우에는 영유아의 이해수준을 고려해 쉽게 설명하도록 한다.
- 연령이 높은 유아들이 똑같은 삽화가나 저자의 책을 읽게 될 경우, 유아에게 작가에 대한 정보를 제공하고 이전 동화책의 경험과 연관시켜 서로 비교해 볼 수도 있다.
- 동화에 따라서 도입 시간을 갖지 않고, 바로 시작하기도 한다.

3) 전개 단계

- 교사는 자연스러운 목소리와 정확한 발음으로 천천히 읽어 주되, 동화의 내용을 반영하여 상황에 따라 읽는 속도, 소리의 크기와 높낮이 등에 변화를 준다.
- 반복적 단어나 문장, 내용이 있는 동화는 질문을 통해 영유아가 다음 장면을 예측할 수 있도록 격려한다. 그러나 잦은 질문은 오히려 동화의 이해를 방해할 수도 있다.
- 교사는 동화를 들려주면서 영유아들의 반응을 통해 이야기의 이해 정도를 파악한다.
- 만약 영유아가 모르거나 어려운 단어가 있을 경우에는 쉽게 설명하여 영유

아가 내용을 잘 파악하도록 돕는다.

- 그림 동화나 그림 동화책은 동화를 다 들려준 후, 그림 자료만 다시 보면서 이야기의 내용을 회상할 수 있다.

4) 마무리/평가 단계

- 교사는 동화 읽기가 끝나면 등장인물이 했던 일, 동화 속의 사건, 재미있거나 인상 깊었던 장면, 동화에서 좋았던 점과 그 이유 등을 묻는 개방적 질문을 통해 영유아가 내용을 회상할 수 있도록 돕는다.
- 동화에 대한 유아의 느낌과 감정에 대해 이야기 나눈다.
- 동화를 들려준 후, 그 자료는 언어영역에 제공하여 영유아들이 스스로 읽어 볼 수 있도록 격려한다.

※ 동화 감상의 사후 활동

- 동화 감상 후에 영유아들은 인상 깊었던 장면을 그림으로 그리기, 표지 그림 다시 그리기, 동화의 배경이나 사건·상황을 바꾸어 보는 앞/중간/뒷이야기 짓기 등으로 동화를 재구성하거나 동극을 실시할 수 있다.
- 연령이 높은 유아의 경우, 다른 출판사에서 나온 같은 제목의 그림 동화책을 같이 읽으면서 그림과 글의 특징을 비교할 수도 있다.

활동명: 『목욕은 즐거워』 그림 동화책 듣기

활동목표
- 동화를 듣고 이야기를 이해할 수 있는 능력을 기른다.
- 동화의 내용을 기억하며 자신의 경험을 이야기한다.

활동연령: 만 2세

표준보육과정 관련요소: 의사소통: 듣기-짧은 이야기 듣기

말하기-상대방을 바라보며 말하기

활동자료: 그림 동화책『목욕은 즐거워』(한국어린이육영회)

활동방법

1. 교사는『목욕은 즐거워』그림책을 읽어 준다.
2. 그림책 속의 친구는 무엇을 했는지 이야기 나눈다.
   - 그림책 속의 친구는 무엇을 했지?
3. 영아의 경험을 함께 나누며 이야기한다.
   - ○○(이)는 누구랑 함께 목욕하니?
   - 목욕할 때 무엇을 가지고 들어가니?
   - 참 재미있었겠구나.

유의사항

* 동화 속의 내용을 회상하며 자신의 경험을 이야기하는 것을 어려워하는 영아는 자신의 경험만을 이야기할 수도 있다.

활동명:『곰 사냥을 떠나자』그림 동화책 듣기

활동목표

• 동화를 듣고 이해하며 끝까지 주의 깊게 듣는다.
• 동화를 즐겨 듣고 자신의 생각을 언어로 표현한다.

활동연령: 만 3~4세

누리과정 관련요소: 의사소통: 듣기-이야기 듣고 이해하기

동요/동시/동화 듣고 이해하기

활동자료: 그림 동화책『곰 사냥을 떠나자』

활동방법

1. 교사는 유아들과 함께 그림책의 표지를 보면서 이야기를 나눈다.
   - (그림책 표지를 보여 주며) 어떤 이야기가 나올까?

　　　　　－누가 주인공일까?

　　　　　－모두 어디를 가는 것일까?

　　2. 그림 동화책으로 동화를 들려준다. 이때, 유아들의 반응을 살펴보며 반복되는

　　　　문장을 활용하여 다음 내용을 예측할 수 있도록 한다.

　　3. 동화를 모두 들려준 후, 동화의 내용을 회상한다.

　　　　　－어떤 부분이 가장 재미있었니?

　　　　　－곰은 어떻게 되었을까?

　　　　　－내가 주인공이라면 어떻게 했을까?

유의사항

* 동화책을 읽어 준 후, 그림책의 삽화만을 보여 주며 유아의 회상을 도울 수 있다.

* 동화의 이야기가 계속 된다면 어떻게 될지 상상하여 이야기를 나누고, 뒷이야기 짓기

　활동을 할 수 있다.

3. 동극

　　동극은 영유아들이 동화 속의 등장인물이 되어 대사나 동작으로 동화의 내용을 다시 표현하는 활동이다. 영유아들은 동극 속에서 동화를 재연하거나 즉흥적 요소를 추가하면서 동화를 회상하게 되고, 이를 통해 이야기 구조에 대한 이해력이 발달한다. 연령이 높은 유아들은 동극을 공연처럼 실시하고, 홍보용 포스터와 초대장을 만들어 다른 학급이나 어린 연령의 영유아를 초대할 수도 있다. 동극의 활동 단계를 살펴보면 다음과 같다.

1) 계획 단계

• 동극을 원활하게 하기 위해서는 동극에 적합한 동화를 선정하여 읽어 주는

　것이 좋다. 동극에 적절한 동화는 기승전결로 잘 짜인 구성을 갖추고, 영유

아에게 친숙한 장면이 반복되며, 대화가 짧고, 전체 내용이 길지 않은 것이
다. 예를 들면 『커다란 무』 『누가 내 머리에 똥 쌌어?』 『장갑』 등이 있다.

- 동화 선정 후, 교사는 대본을 만들기 위해 동화의 내용을 줄이거나 수정할
  수 있다. 내용이 많은 경우, 동화의 내용과 대사를 되도록 그대로 반영하면
  서 영유아가 기억하기 쉽도록 기본 줄거리와 반복적인 대사를 중심으로 내
  용을 다시 수정한다.
- 다양한 매체를 이용하여 동극에 적절한 동화를 들려주고, 교실 내에 비치
  된 자료를 활용하여 무대 배경과 소품을 준비하거나 필요한 경우 별도로
  제작할 수 있다.

2) 도입 단계

- 동극을 하기 위해 동화의 내용을 회상한다. 이때, 교사는 "어떤 동물들이 나
  왔지?" "○○(이)는 어떤 말을 했었지?"와 같이 등장인물의 순서와 대사, 사
  건의 전개 등을 질문하고, 영유아들은 앉은 상태에서 대사와 동작을 미리
  표현해 본다.

3) 전개 단계

- 교사는 미리 준비한 무대 배경과 관련 자료를 보여 주며 유아들과 상의한
  다. 이때, 교사는 교실의 어느 장소를 무대로 할지, 등장인물은 어디에 대기
  하였다가 어디로 이동할지의 동선을 결정한다. 연령이 높은 유아는 조형영
  역에서 직접 소품을 만들 수도 있다.
- 교사는 영유아들과 이야기를 나누면서 역할을 맡은 영유아는 동작이나 대
  사를 크게 하기, 관람하는 영유아는 조용히 관람하기 등의 지켜야 할 규칙
  을 정한다.

- 교사는 동극용 머리띠 또는 목걸이와 같은 소품을 보여 주고, 배역을 결정한다. 처음 실시할 경우, 동극의 등장인물들은 표현력이 좋은 영유아로 선정하여 다른 영유아들이 보고 따라할 수 있도록 돕는다.
- 역할을 맡은 영유아는 "저는 ◇◇◇역을 맡은 ○○○입니다."라고 자기소개를 한 후, 대기하는 위치로 이동한다.
- 연령이 어린 영유아이거나 동극 활동이 생소한 경우에는 교사가 해설자를 하고, 연령이 높은 유아는 유아 스스로 해설을 하기도 한다. 해설자는 "지금부터 ◇◇반의 동극 〈○○○〉을 시작하겠습니다."라고 말하며 동극의 시작을 알린다.
- 동극을 하며 교사는 장면과 시간의 전환, 배우가 등장해야 하는 시기를 알려 주거나, 대사를 잊어버린 영유아에게 대사를 알려 주기도 한다.
- 동극이 끝나면 해설을 맡은 영유아나 교사가 "이것으로 ◇◇반의 동극 〈○○○〉을/를 마치겠습니다."라고 알린다.
- 역할을 맡은 영유아들은 역할 목걸이나 머리띠를 제자리에 정리하고 자리로 돌아간다.

4) 마무리/평가 단계

- 교사는 영유아들에게 동극을 본 느낌을 질문한다. 이때, 좋았던 점, 동극하면서 힘들었던 점, 관람 태도, 다시 동극을 한다면 개선해야 할 점 등을 이야기 나누며 평가한다.
- 동극을 두 번 이상 할 경우, 교사는 배역을 다시 정하고 동극의 순서대로 동극을 진행한다. 참여하지 못한 영유아들을 위해 다음날 자유선택활동 시간에 소품과 무대 배경을 제공하여 다른 유아들도 동극에 참여할 수 있게 한다.

활동명: 모자장수와 원숭이

활동목표
- 동화를 듣고 내용을 이해한다.
- 바른 발음으로 친구들에게 자기를 소개한다.

활동연령: 만 2세

표준보육과정 관련요소: 의사소통: 듣기-짧은 이야기 듣기
　　　　　　　　　　　　　　　 말하기-상대방을 바라보며 말하기

활동자료: 동화『모자장수와 원숭이』, 동극에 필요한 소품(얼굴이 드러나 보이는
　　　　　모자장수와 원숭이 가면)

활동방법
1. 교사가 먼저 모자장수 가면을 쓰고 영아와 인사를 한 다음 자신을 소개한다.
　　-안녕? 난 모자장수 아저씨야.
2. 영아가 원숭이 가면을 쓰고 얼굴을 내밀면, 교사는 영아가 자신을 소개하도록
　　돕는다.
　　-안녕? 넌 누구니?
　　-아, 원숭이구나. 넌 어떤 놀이하는 걸 좋아하니?
　　-네 친구는 어디에 있어?

유의사항
* 영아들이 좋아하는 동물로 제작할 수도 있다.
* 교실에 동극에 필요한 소품을 넣어 주어 영아가 자유롭게 자신을 표현해 볼 수 있도
　록 한다.

활동명: 커다란 무

활동목표
- 동화를 듣고 내용을 이해한다.
- 친구들과 협동하여 즐겁게 동극을 표현한다.

활동연령: 만 3~4세

누리과정 관련요소: 의사소통: 듣기-동요/동시/동화 듣고 이해하기

　　　　　　　　　　　　　 말하기-상황에 맞게 바른 태도로 말하기

활동자료: 동화 『커다란 무』, 동극에 필요한 소품(헝겊으로 된 커다란 무, 등장인물을 나타내는 목걸이/가면/머리띠 등)

활동방법

1. 『커다란 무』 동화를 들은 후, 동화의 내용을 사건의 순서와 등장인물의 대사를 중심으로 회상한다.
   - 처음에 누가 나왔니?
   - 어디서 무엇을 했니?
2. 동극에 필요한 소품을 소개하고 무대 장소를 정한다.
   - 동극을 하려면 무엇이 필요할까?
   - 커다란 무(소품)는 어디에 놓으면 좋을까?
   - 등장인물이 기다리는 곳은 어디로 정하면 좋을까?
3. 등장인물용 소품(목걸이나 가면, 또는 머리띠)을 보여 주며 역할을 정하고, 유아들은 맡은 역할과 자기 이름을 소개한다.
   - 동극을 하려면 어떤 역할이 필요할까?
     : 해설(교사 또는 유아), 할아버지, 할머니, 영희, 강아지, 고양이, 쥐 등
   - (동극 목걸이를 걸고) 나는 강아지 역할을 맡은 ○○○입니다.
4. 동극 공연 시 지켜야 할 약속을 정한다.
   - 나와서 역할을 할 친구들은 몸짓과 목소리를 어떻게 해야 할까?
   - 관객들은 어떻게 보아야 할까?
5. 해설이 동극의 시작을 알린 후, 동극을 공연한다.
   - 지금부터 ◇◇반의 동극 〈커다란 무〉를 시작하겠습니다.
   - 이것으로 ◇◇반의 동극 〈커다란 무〉을 마치겠습니다.
6. 동극을 감상한 후 느낀 점을 이야기한다.
   - 동극을 해 보니 어떠니? 어떤 부분이 가장 재미있었니?
   - 역할을 맡은 친구들의 말과 행동은 어땠니? 관객들의 태도는 어땠니?
   - 동극을 더 재미있게 하기 위해 어느 부분을 바꾸고 싶니?

유의사항

* 동극에 필요한 소품은 자유선택활동 시간에 유아들과 함께 만들 수 있다.

4. 동시

동시는 짧고 반복되며, 리듬과 운율이 있는 단어와 직유법·의인법 등을 통해 모국어의 아름다움을 느끼고 상상력을 자극하게 한다. 동시는 주제와 관련된 사물을 다양하게 표현한 단어들을 통해 평소 잘 알지 못했던 사물의 독특한 특성을 알게 하며, 문학적 감수성도 발달시킨다. 영유아들은 동시 감상을 통해 동시를 즐기며, 동시의 일부분 개작하기나 동시 짓기를 통해 자신의 생각과 느낌도 적절하게 표현할 수 있다. 영유아교육기관에서의 동시 감상이 보다 흥미로운 활동이 되기 위해서는 다음과 같은 단계가 필요하다.

1) 계획 단계

- 교사 스스로 동시를 즐기며, 주제나 계절을 적절한 단어로 표현한 동시를 많이 알고 있어야 한다.
- 교사는 현재의 주제나 계절과 관련 있고, 영유아가 경험할 수 있는 내용을 반복, 리듬, 다양한 어휘로 표현한 동시를 선택한다. 또한 해당 사물의 이미지를 보여 줄 수 있는 특정 단어(의성어, 의태어 등)가 반복되는 동시는 동시 내용을 예측할 수 있어 따라 읽거나 함께 읽기가 용이하다.
- 동시가 선택되면, 교사는 동시를 제공할 매체를 준비한다. 동시판은 유아의 연령을 반영하여 글과 그림을 적절히 활용하여 제작하며, 반복되는 단어는 같은 색의 글자로 나타내어 해당 단어를 영유아가 보다 쉽게 읽을 수 있도록 돕는다. 또한 움직임을 주기 위해 낚싯줄, 할핀, 자석 등을 활용하거나 PPT 자료 등의 다양한 방법으로 제공할 수 있다.
- 교사는 동시의 분위기와 느낌을 살릴 수 있는 음악을 준비하여 동시를 읽을 때 배경 음악으로 사용할 수도 있다.

2) 도입 단계

- 전체 동시를 들려주기 이전에 교사는 동시 내용을 마치 짧은 이야기처럼 꾸며서 들려주어 유아가 동시의 내용을 예측하고 이해할 수 있도록 소개한다.
- 관련된 소리나 그림을 제공하거나 동시의 제목만 먼저 보여 준 후, 영유아의 사전경험을 회상하게 하여 동시에 대한 흥미를 유발한다.

3) 전개 단계

- 교사는 배경 음악이 준비된 경우 틀어 주고, 자연스러운 목소리로 천천히 동시를 읽어 준다.
- 동시에 대한 느낌과 내용에 대해 영유아의 경험과 연계하여 질문한다.
- 동시의 부분을 나누고, 교사와 전체 영유아가 교대로 읽어 본다. 연령이 어린 영유아는 교사가 부분을 먼저 읽으면 따라 읽고, 연령이 높은 유아는 교사와 유아가 교대로 읽는다.
- 동시의 부분을 유아와 유아가 소집단으로 나누어 교대로 읽어 볼 수 있다. 이때 집단은 의자에 앉은 유아와 바닥에 앉은 유아와 같이 단순하게 분류하지 않고, 옷차림의 특징(예: 색깔)이나 좋아하는 사물 등을 활용하여 다양한 방법으로 분류한다.
- 동시 전체를 교사와 유아가 함께 천천히 읽는다.

4) 평가/마무리 단계

- 동시의 전체적 느낌을 회상하고, 재미있거나 인상 깊었던 단어와 표현, 그 이유에 대해 이야기 나눈다.

• 동시 자료를 언어영역에 제공하여 영유아들이 자유롭게 수시로 읽어 볼 수 있도록 한다. 연령이 어린 영유아는 교사가 동시를 녹음한 후, 듣기 영역에 동시자료와 함께 제공할 수 있다.

※ 동시의 사후 활동

• 사후 활동을 제공하여 연령이 어린 영유아는 동시의 내용을 그림이나 몸으로 표현하고, 연령이 높은 유아는 동시에서 몇 개의 단어나 문장을 바꾸어 재구성하는 부분 짓기를 할 수 있다. 또한 연령이 높은 유아는 동시 감상이 익숙해지면, 정해진 동시 제목에 대해 유아가 내용을 구성하는 창작동시 짓기를 할 수도 있다.

• 다른 활동에서 동시를 전이활동으로 활용하거나, 하원하기 전에 한 번 더 낭송하기 등을 통해 지속적으로 즐길 수 있도록 한다. 그러나 외우도록 하는 등 부담을 주지는 않는다.

활동명: 동시 〈매미〉 듣기

활동목표
• 동시를 듣고 말로 표현해 본다.
• 동시를 감상하며 심미감을 느껴 본다.

활동연령: 만 2세

표준보육과정 관련요소: 의사소통: 듣기 – 짧은 문장 듣고 알기
　　　　　　　　　　　　　　　　　　말하는 사람을 주의 깊게 보기

활동자료: 주제와 관련된 동시 〈매미〉의 글과 그림이 그려져 있는 그림판

활동방법
1. 교사는 영아에게 '매미' 사진(또는 그림)을 보여 주고, 동시를 천천히 들려준다.
　　–맴맴맴~ 무슨 소리일까?
　　–매미가 어떻게 노래하는지 선생님 이야기를 잘 들어 보자.

---

2. 영아에게 들려주며 매미 소리를 흉내 내어 보게 한다.

　－엄마 매미는 어떻게 노래했니?

　－아빠 매미는 어떻게 노래했는지 흉내 내어 볼까?

　－아기 매미는 어떻게 노래했니?

3. 동시가 익숙해지면 영아들이 동시를 따라서 말해 보도록 한다.

매 미

맴맴맴…

매미라고

맴맴… 노래하나?

엄마 매미 맴맴맴

아빠 매미 맴맴맴

목청 따라서

아기매미 맴맴

모두 함께 맴맴맴 노래하지요.

출처: 2세 보육프로그램(육아정책개발센터, p. 228).

유의사항

* 동시판을 언어영역에 제공하여 영아들이 매미 그림을 조작해 보거나 동시를 말해 보 도록 한다.

활동명: 동시 〈봄바람〉 듣기

활동목표

• 봄의 특징과 계절의 변화를 알아본다.

• 동시를 즐겨 듣고 자신의 생각을 언어로 표현한다.

활동연령: 만 4세

누리과정 관련요소: 의사소통: 듣기 – 이야기 듣고 이해하기

　　　　　　　　　　　　　동요/동시/동화 듣고 이해하기

활동자료: 주제와 관련된 동시 〈봄바람〉

활동방법

1. 교사는 봄바람과 관련된 유아들의 사전경험에 대해 이야기 나눈다.
    −요즘 날씨가 어때?
    −봄이 온 것을 우리는 어떻게 알 수 있니?
2. 봄이 온 모습을 보고 지은 동시가 있다고 소개한 후, 동시판으로 동시를 읽어
    준다.

봄바람

살랑살랑 봄바람
놀다 간 자리
파릇파릇 새싹이
돋아 났어요
솔솔솔 봄바람
꿈꾸던 자리
꽃봉오리 예쁘게
맺히었어요
한들한들 봄바람
불고 간 자리
가물가물 아지랑이
피어올라요

출처: 이혜정의 동화구연 & 손유희 & 그림책(http://cafe.naver.com/storyteller76/421).

3. 동시를 감상한 후, 생각과 느낌을 이야기한다.
    −동시를 들으니 어떤 느낌이 드니?
    −어느 부분이 제일 인상 깊었니?
4. 유아들과 여러 방법으로 나누어 동시를 읽는다.
    −교사와 유아, 앞줄과 뒷줄, 남자와 여자, 분단별로 나누어 번갈아 가며 동시
     를 읽는다.

유의사항

* 동시판을 언어영역에 제공하여 유아들이 수시로 읽고 즐길 수 있도록 한다.

제9장 **영유아 언어활동 평가**

1. 평가의 목적과 원리

영유아의 언어발달을 평가하는 목적은 영유아 간의 상대적 비교를 하기 위한 것이 아니라 영유아 개인의 언어발달 특성 및 정도를 파악하기 위한 것이다. 따라서 평가의 목적이 등급을 매기거나 성공 · 실패한 영유아를 구별하는 것이 아니므로 영유아 개인 내의 평가를 통해 현재의 발달이 미래에 어떻게 진전될 것인가를 평가해야 한다(교육부, 1996).

영유아의 언어발달을 평가하는 목적을 살펴보면 다음과 같다(Jalongo(1992)의 내용을 기초로 재구성).

- 영유아 지도의 교수수준을 결정하고 적정수준의 언어경험을 계획하기 위해 평가한다.
- 교육활동에 참여하는 영유아들이 교육활동을 통해 어떻게 발달되었는지 개별적 발달사항을 평가한다.
- 언어활동을 대 · 소집단으로 나누어 실시하고자 할 경우, 발달수준별 집단

구성을 위해 평가한다.
- 언어발달의 지체를 보이는 영유아를 판별하여 적절한 개입을 하기 위해 평가한다.
- 언어교육 프로그램의 효과를 측정하기 위해 평가한다.

2. 평가 방법

1) 표본식 기술

표본식 기술은 실험적으로 조작된 상황이 아닌 자연적인 상황 속에서 자연스럽게 일어나는 행동을 관찰, 기록, 분석함으로써 개인 또는 집단의 행동상황을 이해하는 방법으로, 관찰자가 미리 정해 놓은 시간이나 활동이 끝날 때까지 관찰 대상인 영유아가 한 말과 행동을 일어난 순서대로 자세하고 객관적으로 기록한다.

다음의 〈표 9-1〉은 표본식 기술을 위한 관찰 양식을 이용하여 기록한 예다.

〈표 9-1〉 **표본식 기술의 예**

표본식 기술 관찰 양식			
관찰아동	정 민 우	생년월일	2008. 05. 20.(남 · 여)
관 찰 일	2013. 04. 22.	관 찰 자	김 아 영
장　　면	쌓기놀이 영역에서 자동차를 가지고 놀고 있다.		
시　간	기　　록		주 석
10:20 am	민우는 쌓기놀이 영역의 자동차 바구니를 바닥으로 내린다. "어, 이게 왜 여기에 있지?"라고 말하며 견인차를 꺼낸다. 견인차를 굴리며 놀다가 견인차 뒤에 있는 것을 아래위로 내린다. "이렇게 하는 거야."라고 말하며 견인차 뒤에 있는 것을 돌린다. 다시 견인차를 바닥에 굴린다. 민우의 친누나인 준희가 민우가 가지고 놀던 견인차를 빼앗는다. 민우는 인상을 찌푸		-민우는 또래아이들보다 지능연령이 낮다.

	리며 준희를 쳐다본다. 그리고 "안돼~~"라고 말하며 준희가 가진 견인차 쪽으로 손을 뻗는다. 준희는 민우를 한 번 쳐다보고는 견인차와 블록을 가지고 논다. 민우는 자동차 바구니에서 자동차 2대를 꺼낸다. "우~와~"라고 말하며 자동차 두 개의 바퀴 부분을 맞대서 굴린다. 그리고 "드르르 드르르"라고 말하며 자동차 하나를 앞뒤로 굴린다. 민우는 자동차 바구니를 가지고 쌓기놀이영역의 교구장 틈으로 간다. 민우는 엎드려서 틈새에 자동차들을 일렬로 배열한다. 계속해서 관찰하는 나에게 "기찻길이에요."라고 말하며 교구장 틈새에서 출입구까지 자동차를 일렬로 배열하였다.	−민우는 준희에게 빼앗긴 장난감을 찾아오지 않았다.
10:29 am	민우는 기차를 가지고 준희와 정민이가 놀고 있는 곳으로 간다. 민우는 준희와 정민이를 서서 지켜본다. 그리고 준희의 옆에 앉아 기차를 굴리며 논다. "삐용~ 이렇게 다녀야 해."라고 말하며 기차를 가지고 논다.	−민우(6살)와 준희(8살)는 남매다. 슬기반에서 함께 공부하고 있다.
요약	신체발달: 소근육 발달 언어발달: 혼잣말하기 인지발달: 배열하기	

2) 일화기록

일화기록은 특정한 한 가지 행동이나 상황에 초점을 맞추어 객관적인 사실에 근거하여 자세히 기록하는 것이다. 일화기록은 관찰된 직후에 적는 것이 좋지만 가능하지 않을 때에는 메모지에 간단하게 메모를 해 두었다가 수업이 끝난 후 자세하게 기록할 수 있다. 메모를 할 때는 신문기사를 쓰듯이 '언제/어디서/누가/어떤 일을/어떻게 했는지'를 적어 놓으면 기억을 살리는 데 도움이 된다. 또한 녹화나 녹음의 방법을 병행하면 보다 정확한 정보나 보충적 정보를 얻을 수 있다.

영유아를 대상으로 일화기록을 하기 위한 관찰 가능한 행동에는 다음과 같은 것들이 있다(김영실, 김진영, 김소양, 2006).

〈표 9-2〉 **일화기록에 적절한 언어행동 목록**

책 다루기 기술	• 책을 적절하게 드는 것 • 앞쪽에서 뒤쪽 방향으로 읽는 것 • 그림과 단어의 차이점을 아는 것 • 책의 '시작'과 '끝'이라는 용어를 이해하는 것 • 책의 '겉표지'라는 용어를 이해하는 것
자소와 음소의 관련성	• 알파벳 낱자의 시각적 형태와 이름을 인식하는 것 • 문맥에서 첫 자음을 파악하는 것 • 운율이 있는 단어를 인지하는 것 • 철자의 형태를 인식하고 쓰기를 할 때 더 많은 관례적인 철자법을 사용하는 것 • 자주 사용하는 단어를 인식하는 것
인쇄문자에 대한 개념	• 읽기를 하는 동안에 그림이 아닌 단어를 가리키는 것 • 읽어 가면서 소리와 글자를 일대일로 대응하며 각 단어를 손으로 가리키는 것 • 왼쪽에서 오른쪽으로, 위에서 아래로 읽는 것을 아는 것 • 책의 앞쪽에서 뒤쪽 방향으로 읽어 나가는 것을 아는 것 • 낱자, 단어, 문장의 차이점을 아는 것
이해력	• 본문에 대한 문자 언어적 질문에 대답하는 것 • 무엇에 관한 것인지 질문했을 때 말을 바꿔서 설명하는 것 • 이야기의 줄거리를 제시하는 것 • 본문에 대한 비판적인 질문에 대답하는 것 • 의미가 명확하지 않을 때 질문하는 것

다음의 〈표 9-3〉과 〈표 9-4〉는 일화기록을 위한 관찰양식을 이용하여 영아와 유아의 일화를 기록한 예다.

〈표 9-3〉 **영아 일화기록의 예**

일화기록 관찰 양식			
관찰아동	양 민 서	생년월일	2011. 04. 12. (남 · 여)
관 찰 일	2013. 03. 20. 월	관 찰 자	사 임 당
관찰일 현재 영아연령		1년 11개월	
장 면		역할영역에서 친구와 대화하기(08:50 am)	

기 록	기 록: 현하가 역할영역에서 그림책 『손이 나왔네』를 보고 있다. 등원한 민서가 가방을 내려놓고 현하에게 다가간다. 그림을 손가락으로 가리키고 책장을 넘긴다. 실외놀이를 나가기 위해 옷을 입는데 책의 장면이 연상될 수 있도록 들려주니 재미있어했다. 관찰의 초점: 언어발달 중 그림책 읽기 행동
평 가	그림을 손가락으로 가리키는 행동으로 미루어 1단계의 하위 2단계로 볼 수 있음(읽기 이해 전단계의 그림을 지적하기).

〈표 9-4〉 **유아 일화기록의 예**

일화기록 관찰 양식			
관찰아동	김 예 찬	생년월일	2008. 10. 29. (남 · 여)
관 찰 일	2012. 11. 19. 월	관 찰 자	서 미 인
관찰일 현재 유아연령		4년 1개월	
장 면	발표회 초대장 만들기(10:30 am)		
기 록	발표회 초대장 만들기를 교실에서 하고 있다. 예찬이와 성희는 짝이다. 성희가 계속해서 글자를 몰라 선생님께 물어보자, 선생님께서는 많이 바쁘시다. 예찬이는 성희가 쓰기를 멈추고 있자 "열씨미 준비했서요."라고 말하며 쓴 것을 보여 준다. 성희는 예찬이의 초대장을 보고 쓴다. 다음을 쓰지 못하고 성희가 가만히 있자 예찬이는 "꼭 오세요. 사랑해요."라고 말하며 성희가 볼 수 있게 한다. 관찰의 초점: 언어발달 중 쓰기발달, 사회성 중 친사회적 행동		
평 가	"열씨미 준비했서요." "꼭 오세요. 사랑해요." 등 예찬이는 틀린 글자는 있지만 문장 쓰기를 할 수 있다. 성희가 잘 쓸 수 있도록 계속해서 도움을 주었다.		

3) 행동목록법

행동목록법(checklist)은 관찰을 하는 시점에서 특정한 기술이나 행동 혹은 발달특성이 나타나는지를 알아보고 싶을 때 활용하는 관찰방법이다. 따라서 관찰 대상 영유아의 현재 상태를 평가하고자 할 때 일반적으로 사용하며, 시간에 따른 변화를 알고자 할 때도 사용한다. 같은 행동목록을 일정 간격을 두고 반복하여 활용함으로써 영유아의 진보를 평가하는 자료로 사용할 수도 있다. 행동목록법은 관찰이 가능한 기술이나 행동의 목록이 명료하게 되어 있어 관찰자가 각 항목을 잘 이해하고 있다면 관찰자의 주관적인 평가를 가능한 배제할 수 있다.

〈표 9-5〉는 영유아의 언어발달에 대해 행동목록법으로 기록한 것으로 관찰 대상 영유아의 현재 상태를 평가하기 위해 기록한 예다.

〈표 9-5〉 **쓰기 준비도 기록의 예**

쓰기 준비도

관찰아동: 유 재 영 　　　　　　生년월일: 2006. 05. 29.(남 · 여)
관 찰 일: 2011. 06. 19. 　　　　관 찰 자: 김 채 현
관찰일 현재 유아연령 : 5년 1개월

다음의 행동이 관찰되면 '예', 관찰되지 않으면 '아니요'에 ∨로 표시하시오.

	예	아니요	비고
1. 손목과 손가락을 자기가 원하는 대로 움직일 수 있다.		∨	
2. 눈과 손의 협응이 가능하다.	∨		
3. 필기도구를 바로 잡고 쓸 수 있다.	∨		
4. 글자의 기본적인 획을 그을 수 있다.	∨		
5. 각 철자의 모양을 구별할 수 있다.		∨	
6. 글자를 써야 하는 이유를 이해한다.		∨	

평가 재영이는 눈과 손의 협응이 가능하여 필기도구를 바로 잡고 쓸 수 있으며 글자의 기본적인 획은 그을 수 있다. 그러나 손목과 손가락을 자기가 원하는 대로 움직일 수 없고 각 철자의 모양을 구별할 수 없으며 글자를 써야 하는 이유를 모른다.

영유아의 언어발달에 대한 체크리스트의 예를 제시하면 다음과 같다.

〈표 9-6〉 **유아 언어능력 발달 체크리스트**

관찰아동:	생년월일:	(남 · 여)
관 찰 일:	관 찰 자:	

다음의 행동이 관찰되면 ∨로 표시하시오.

	1회	2회	3회
말하기			
• 질문을 하고 다른 사람의 질문에 대답한다.	___	___	___
• 자신의 말로 사실을 말하고 이해한다.	___	___	___
• 문제를 해결하기 위한 언어를 사용한다.	___	___	___
• 다양한 구어활동에 참여한다.	___	___	___
• 시청각매체를 활용하여 말소리를 녹음한다.	___	___	___
• 주의 깊게 남의 말을 이해하고 생각을 나눈다.	___	___	___
• 의견을 말한다.	___	___	___
듣기			
• 메시지를 이해한다.	___	___	___
• 적절한 피드백을 제공한다.	___	___	___
• 말하는 사람과 메시지에 주의를 기울인다.	___	___	___
• 말하는 사람과 메시지를 존중한다.	___	___	___
• 듣기의 목적을 이해한다.	___	___	___
• 메시지를 평가한다.	___	___	___
• 의미가 명확하지 않을 때 질문한다.	___	___	___
쓰기			
• 다양한 형태로 쓴다.	___	___	___
• 다양한 쓰기도구를 활용한다.	___	___	___
• 자기가 선택한 주제에 관해 자신의 생각을 쓴다.	___	___	___
• 구어와 문어를 구분하고 표현한다.	___	___	___
• 더욱 확장된 쓰기기술을 획득한다.	___	___	___
• 작문이 가능하다.	___	___	___
읽기			
• 다양한 문학 경험을 주는 장르의 글을 읽는다.	___	___	___
• 자기가 지은 글을 읽는다.	___	___	___
• 더욱 확장된 읽기 기술을 획득한다.	___	___	___

출처: 강숙현(2002, p. 157).

〈표 9-7〉 **음성언어발달 체크리스트**

평균연령	항 목	예	아니요
3~6개월	• 양육자의 목소리에 깨거나 조용해진다. • 소리가 나는 쪽으로 눈과 머리를 돌린다.	___ ___	___ ___
7~10개월	• 친숙한 소리가 나는 쪽으로 머리와 어깨를 돌린다.	___	___
11~15개월	• 어떤 단어에 대한 이해를 보여 준다(예: "○○(이)가 어디 있지?"라는 질문에 사물이나 사람을 가리킨다). • 다른 소리에는 다르게 반응한다. • 어떤 소리를 흉내 낸다.	___ ___ ___	___ ___ ___
1세 6개월	• 신체의 부분을 인식하며 가리킨다(예: "눈이 어디 있지?"라는 질문에 눈을 가리킨다). • 몇 가지 일어문을 사용한다.	___ ___	___ ___
2세	• 시각적 단서 없이도 몇 개의 간단한 지시를 따른다.(예: "네 인형을 가져와.")	___	___
2세 6개월	• 짧은 운율을 읊조리거나 노래한다. • 레코드나 양육자의 노래 듣기를 좋아한다. • 기쁨을 주는 소리에 행동으로 반응한다(예: 가족이 집에 들어오는 소리를 들을 때 현관으로 달려 나간다).	___ ___ ___	___ ___ ___

출처: 김영실, 김진영, 김소양(2006, p. 139).

〈표 9-8〉 **말하기·듣기발달 체크리스트**

<table>
<tr><td colspan="6" align="center">말하기 · 듣기발달</td></tr>
<tr><td colspan="3">관찰아동:</td><td colspan="3">생년월일:　　　　(남 · 여)</td></tr>
<tr><td colspan="3">관 찰 일:</td><td colspan="3">관 찰 자:</td></tr>
<tr><td colspan="2" rowspan="2" align="center">내 용</td><td>1회</td><td>2회</td><td>3회</td><td>4회</td></tr>
<tr><td>/</td><td>/</td><td>/</td><td>/</td></tr>
<tr><td rowspan="2">말의
명료성</td><td>무슨 말을 하는지 알아들을 수 없다.</td><td></td><td></td><td></td><td></td></tr>
<tr><td>상대방이 알아들을 수 있게 분명히 말할 수 있다.</td><td></td><td></td><td></td><td></td></tr>
<tr><td rowspan="2">태도</td><td>상대방을 쳐다보지 않고 말한다.</td><td></td><td></td><td></td><td></td></tr>
<tr><td>대화하는 상대방을 쳐다보며 말한다.</td><td></td><td></td><td></td><td></td></tr>
<tr><td rowspan="2">언어
구조</td><td>일어문을 말한다.</td><td></td><td></td><td></td><td></td></tr>
<tr><td>이어문을 말한다.</td><td></td><td></td><td></td><td></td></tr>
</table>

	삼어문 이상의 문장을 말한다.				
	문법적으로 불완전한 문장 형태로 말한다.				
	문법적으로 완전한 문장 형태로 말한다.				
의사 소통	진행되는 이야기 주제와 전혀 관계없는 말을 한다.				
	진행되는 주제와 관련지어 말한다.				
	진행되는 이야기 주제와 관련지어 상호작용적으로 의사소통 한다.				
	요구를 적절히 표현한다.				
	일상적 경험에 대해 말한다.				
	다른 사람이 자신에게 말을 걸면 기꺼이 대답한다.				
	필요시 질문을 한다.				
평가 :					

출처: 이영자(2009, p. 278).

〈표 9-9〉 **연령별 언어발달 평정척도**

관찰아동:　　　　　　　　　　생년월일:　　　　　(남 · 여)
관 찰 일:　　　　　　　　　　관 찰 자:

평 가 내 용	매우 그렇지 않다	그렇지 않다	그렇다	매우 그렇다
표현언어				
37~48개월				
• 세 개 이상의 어휘를 사용하여 문장으로 표현한다.	①	②	③	④
• 과거의 경험을 말한다.	①	②	③	④
• 명사를 사용한다.	①	②	③	④
• 과거시제의 동사를 표현한다.	①	②	③	④
• 반복적인 리듬과 운율을 즐긴다.	①	②	③	④
• 발음이 정확하지는 않으나 다른 사람이 이해할 수 있게 말한다.	①	②	③	④
49~60개월				
• '언제, 어떻게, 왜'라는 질문을 한다.	①	②	③	④
• '왜냐하면, 그래서'라는 이유에 관한 어휘를 사용한다.	①	②	③	④
• 이야기 내용을 말로 전한다.	①	②	③	④

61~72개월				
• 의미 있는 대화에 참여한다.	①	②	③	④
• 과거형의 시제를 제대로 사용한다.	①	②	③	④
• 자신의 느낌을 다른 사람에게 말로 전한다.	①	②	③	④
이해언어				
37~48개월				
• '크다, 더 크다'와 같은 비교어휘를 이해한다.	①	②	③	④
• '만일, 왜냐하면' 등의 관계성을 나타내는 표현을 이해한다.	①	②	③	④
• 서로 연관성 있는 지시를 이해한다.	①	②	③	④
• '~처럼 해 보자'라는 말을 이해한다.	①	②	③	④
49~60개월				
• '크다, 더 크다, 가장 크다'와 같은 비교 어휘를 이해한다.	①	②	③	④
• 복합문장의 뜻을 이해한다.	①	②	③	④
• 시간대별로 일어난 일련의 사건의 순서를 이해한다.	①	②	③	④
61~72개월				
• 그림 없이 말로만 표현된 이야기의 내용을 회상한다.	①	②	③	④
• 관련성 없는 지시를 이해하고 따른다.	①	②	③	④

평가 :

출처: 오은순, 강숙현, 박해미, 고은님, 이진희(2013, p. 217).

4) 표준화된 검사

표준화된 검사는 영유아 언어발달을 평가하기 위한 검사도구로 신뢰도와 타당도가 검증된 것을 의미한다. 행동을 객관화되고 표준화된 절차에 의해서 측정함으로써 객관적인 자료를 얻을 수 있으며 행동의 전체 집단을 미루어 짐작하고 다른 유아와의 비교도 용이하다. 하지만 검사자와 영유아 간에 친밀감이 형성되지 않은 자연스럽지 못한 상황에서 검사를 실시한다면 정확한 결과가 나오지 않을 가능성이 높다. 또한 영유아의 발달과정을 보여 주지 못하므로 다른 다양한 평가방법과 병행하여 활용하는 것이 바람직하다.

교사용 검사도구로 유아의 사회적응 행동발달검사(이영자, 이종숙, 양옥승, 1988) 내의 의사소통 영역은 이해, 표현, 읽기와 쓰기 등으로 구성되어 있어 상대방의 표현에 대한 이해, 말하기 능력, 읽기와 쓰기의 기초 및 기술 등을 평가할 수 있으며 교사가 일반 행동관찰에 의해 평가할 수 있는 도구다. 유아의 어휘검사 도구로는 피바디 그림어휘력 검사도구(Peabody Picture Vocabulary Test: PPVT, Dunn & Dunn, 1981)가 많이 사용된다. 표준화검사 도구는 〈표 9-10〉과 같다(이숙재, 이봉선, 2009).

〈표 9-10〉 **언어발달 검사도구**

검사도구명	저자	제작연도	대상	내용	출판사
영 · 유아 언어발달 검사	김영태, 김경희 윤혜련, 김화수	2003년	생후 5~36개월	수용언어와 표현언어 측정	도서출판 특수교육
그림 어휘력 검사	김영태, 장혜성 임선숙, 백현정	1995년	2세~8세 11개월	수용어휘력 평가	서울장애인 종합복지관
취학 전 아동의 수용언어 및 표현언어 발달척도	김영태, 성태제 이윤경	2003년	2~6세	수용언어와 표현언어 평가	서울장애인 종합복지관
우리말 조음 · 음운 평가	김영태, 신문자	2004년	조음문제가 있는 2~12세, 성인	조음장애 유무평가	학지사 심리검사 연구소
아동용 한국판 보스톤 이름 대기 검사	김향희, 나덕필	2007년	3~14세	대면이름 능력 및 표현언어 장애 선별	학지사 심리검사 연구소
구문의미 이해력 검사	배소영, 임선숙 이지희, 장혜성	2000년	4~9세	이해언어 평가	서울장애인 종합복지관
언어문제 해결력 검사	배소영, 임선숙 이지희	2000년	5~12세	언어장애 유무 및 정도 판별	서울장애인 종합복지관

5) 포트폴리오 평가

포트폴리오 평가란 목적을 가지고 영유아의 노력, 진보, 성취를 보여 주는 작품을 수집하여 평가하는 것을 말한다(김영실 외, 2006).

유아의 작품을 수집하여 모아 놓은 포트폴리오는 영유아에 관한 모든 자료, 즉 관찰기록, 면접, 검사, 기타 기록물, 영유아가 그린 자화상, 가족 구성원에 대한 그림, 창의적인 그림, 제작한 입체 구성물의 사진, 글이나 말의 샘플 등을 1년 간에 걸쳐서 조직적으로 목적을 가지고 정기적으로 모아 책으로 만든 것이다. 이러한 포트폴리오는 시간 경과에 따라 영유아가 발달하며 배우고 있음을 보여 줄 수 있는 좋은 증거가 된다. 포트폴리오는 영유아의 실제 수행에 대한 평가의 기초가 되고, 이후의 학습과 발달을 위한 지침의 근거가 된다(Gullo, 1994).

포트폴리오 평가를 위한 계획 수립 시 첫째, 영유아 개인별 포트폴리오 항목 계획서를 준비한다. 둘째, 말하기, 읽기, 쓰기와 같이 수집 내용 영역을 적어 넣는다. 셋째, 각 영역을 대표하는 포트폴리오를 언제, 몇 개나 수집할 것인지를 정한다. 넷째, 수집될 개별 항목에 대한 간단한 설명을 적는다.

영유아 언어발달에 대한 포트폴리오 평가 시 실제 포함될 수 있는 자료는 〈표 9-11〉과 같다(황해익, 송연숙, 최혜진, 정혜영, 이경철 외, 2003).

〈표 9-11〉 **포트폴리오 평가자료 내용의 예**

- 의사소통 능력을 보여 주는 체계적인 관찰
- 이해력, 개념, 어휘에 대한 증거
- 책을 읽거나 보는 데 보내는 시간
- 집이나 학교에서 읽은 도서의 목록
- 유아가 선호하는 도서의 목록
- 인쇄물의 기능에 대한 유아들의 이해(지도, 글자, 신문, 목록, 책 등)
- 유아들이 써 놓은 글의 표본
- 유아와 학부모가 읽을 책의 목록
- 유아들이 자기 자신의 일이나 활동에 대하여 쓴 글이나 코멘트

- 동화나 음악을 듣고 그린 그림이나 묘사들
- 유아들이 출판한 것, 자신들이 쓰거나 혹은 받아쓰기를 한 동화를 읽은 것을 녹음한 테이프
- 유아의 저널에서 뽑은 예들
- 유아가 구성한 표시판이나 라벨의 복사본
- 유아가 읽은 책의 목록
- 유아가 썼거나 혹은 받아써 준 이야기, 시, 노래의 복사본
- 책읽기, 동극, 이야기하기, 주말 발표 등을 사진이나 비디오로 남겨 놓은 것
- 언어 사용 기술이나 단어 사용의 증가 등을 담은 면담 테이프
- 유아가 부모, 교사, 또래에 대해 쓴 것이나 그것을 녹음한 테이프
- 유아의 신문 목록의 예
- 주제 프로젝트 활동(토의, 실험, 관찰하기, 그리기, 생각 나누기, 찾아보기, 짓기, 게임하기 등)
- 긁적거리기, 창조적인 쓰기 표본
- 동화를 읽고 다양한 언어활동을 한 것: '내가 만일~(이)라면'의 질문으로 유아가 상상하여 적게 하거나 말한 것을 적어 주고 읽어 보게 하기 등
- 역할놀이에서 유아들이 몰입하는 놀이들: 병원놀이, 시장놀이 등을 하는 동안 쇼핑목록 쓰기, 영수증 쓰기, 주문서 쓰기, 처방전 쓰기, 가격표 쓰기 등
- 갈등 상황에서 문제해결을 위한 토의
- 동시를 통한 언어활동
- 게임 활동, 견학, 과학 영역에서의 관찰 및 실험 결과물 등

(1) 읽기발달 평가

영유아의 책 읽기 활동, 이야기 꾸미기, 동화 듣고 다시 읽기 등을 기록하고 녹음하여 언어 및 문식성 발달을 파악할 수 있다. 교사는 책의 텍스트를 원본과 똑같이 준비하여, 해당되는 부분 바로 옆이나 아래에 영유아가 읽은 대로 써 나간다. 이때 영유아의 여러 가지 행동 등을 함께 기록한다.

다음 〈표 9-12〉는 『안돼, 데이빗』이라는 동화를 듣고 다시 읽은 것을 기록한 예이고, 〈표 9-13〉은 책에 관심 가지기 기록의 예다.

〈표 9-12〉 들은 동화 다시 읽기 기록의 예

읽기발달 평가		
관찰아동 : 김 정 현　　　　　　　　　　　관 찰 일 : 2013년 5월 6일 　□ 우연히 일어난 행동　　■ 자발적인 행동 　□ 일상적인 행동　　　　　□ 교수주도적인 행동		
1단계	읽기 이해 전 단계 하위 1단계: 말없이 그림만 쳐다보기　　하위 2단계: 그림을 지적하기 하위 3단계: 그림의 명칭을 이야기하기 하위 4단계: 그림에 대해 질문하기	
2단계	이야기 구성능력이 없어 "몰라요. 못 읽어요."와 같은 의사표현을 하는 단계	
3단계	그림을 보고 마음대로 이야기 만들기 단계	
4단계	의미가 비슷하게 꾸며 말하기 단계	
5단계	단어나 구절을 암기하여 이야기하는 단계 하위 1단계: 책에 나온 글자의 암기를 통하여 50% 이하의 단어나 구절을 사용하 　　　　　여 이야기하기 하위 2단계: 책에 나온 글자의 암기를 통하여 50% 이상의 단어나 구절을 사용하 　　　　　여 이야기하기	○
6단계	글자를 읽어야 한다는 것을 이해하지만 글자를 읽을 줄 몰라 "난 못 읽어요."와 같은 의사표현을 하는 단계	
7단계	글자를 읽는 단계 하위 1단계: 글자를 보고 한 문장을 기준으로 25% 이하로 똑바로 읽기 하위 2단계: 글자를 보고 한 문장을 기준으로 50% 이하로 똑바로 읽기 하위 3단계: 글자를 보고 한 문장을 기준으로 75% 이하로 똑바로 읽기 하위 4단계: 글자를 보고 한 문장을 기준으로 75~100% 이하로 똑바로 읽기	

본문 내용	유아의 반응	
제목 : 안 돼, 데이빗!	안 돼, 데이빗!	2(2)
데이빗의 엄마는 늘 이렇게 말씀하셨죠.	....	5(0)
안 돼, 데이빗!	안 돼, 데이빗!	2(2)
안 돼, 데이빗!	안 돼, 데이빗!	2(2)
데이빗, 안 된다고 했잖니!	안 돼, 데이빗!	4(1)
안 돼, 안 돼, 안 된다니까!	데이빗, 안 돼!	4(1)
이리 오지 못해, 데이빗	안 돼, 데이빗!	4(1)
데이빗! 시끄러워!	데이빗! 시끄러워	2(2)
한꺼번에 너무 많이 먹지 마!	음식 갖고 이 장난치면 못써	5(0)

한꺼번에 너무 많이 먹지 마!	한꺼번에 너무 먹지 마	5(4)
이제 그만 네 방으로 가!	이제 그만 네 방으로 가!	5(5)
<u>얌전히 못 있겠니!</u>	…	3(0)
<u>당장 그만두지 못해!</u>	안 돼, 데이빗!	3(0)
장난감 좀 치워라!	장난감 좀 치워라	3(3)
집에서는 안 돼, 데이빗!	집에서는 안 돼, 데이빗!	3(3)
<u>그것 봐, 안 된다고 했지!</u>	…	5(0)
<u>얘야, 이리 오렴.</u>	…	3(0)
그래, 데이빗! 엄만 널 가장 사랑한단다!	그래, 데이빗! 엄만 널 사랑한단다! 6(6)	

해석 : _____ 생략된 부분

정현이는 책읽기를 좋아하며 책을 자주 읽습니다. 단어나 구절을 암기하여 이야기하는 단계로 책에 나온 글자를 암기하여 이야기합니다. 50% 이상의 단어나 구절을 사용하여 이야기합니다.

〈표 9-13〉 **책에 관심 가지기 기록의 예**

책에 관심 가지기

관찰아동 : 김 병 관　　　　　　　　　관 찰 일 : 2008년 9월 20일
　　　□ 우연히 일어난 행동　　■ 자발적인 행동
　　　□ 일상적인 행동　　　　□ 교수주도적인 행동

평가항목	체크리스트	평가	비고
책에 관심 가지기	1. 책에 관심이 없다.		
	2. 책에 관심을 가진다.		
	3. 책을 소중하게 다룬다.		
	4. 책에 관심을 가지고 책 보기를 즐긴다.		
	5. 궁금한 것을 알아보기 위해 책을 찾는다.	○	
책을 읽고 이해하기	1. 책을 스스로 선택하여 보지 않는다.		
	2. 책의 그림을 보며 이야기를 꾸민다.		
	3. 책의 글자를 집중하여 읽는다.		
	4. 책을 읽고 자신이 이해한 내용을 이야기한다.	○	

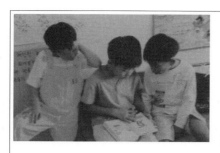
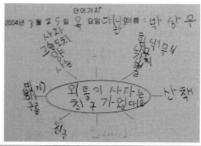

해석 :
병관이는 다양한 분야의 책에 관심을 가지고 책을 선택한다. 때로 친구들과 함께 책을 보
거나 책의 내용에 대해 이야기한다.

(2) 쓰기발달 평가

교사는 영유아의 쓰기 표본을 기록으로 남겨 영유아에 대한 관찰을 보충해 주
는 자료가 되고 쓰기발달에 대한 확실한 자료를 확보하는 방법이 된다. 수집의
빈도와 수집 간격을 계획하여 체계적으로 수집하면 영유아의 발달의 변화를 알
수 있다. 〈표 9-14〉는 유아의 쓰기 표본을 수집하여, 쓰기발달 수준을 평가한
예다.

〈표 9-14〉 **유아의 쓰기 표본 평가의 예**

	쓰기발달 평가	
관찰아동 : 김 성 희	관 찰 일 : 20○○년 10월 20일	
	□ 우연히 일어난 행동 ■ 자발적인 행동 □ 일상적인 행동 □ 교수주도적인 행동	
1단계	긁적거리기 단계	
	• 하위 1단계: 글자의 형태는 나타나지 않으나 세로선이 나타나는 단계	
	• 하위 2단계: 글자의 형태는 나타나지 않으나 가로선이 나타나는 단계	
2단계	한두 개의 자형이 우연히 나타나는 단계	
3단계	자형이 의도적으로 한두 개 나타나는 단계	
4단계	글자의 형태가 나타나고 가끔 자 · 모음의 방향이 틀리거나 부분적으로 틀린 단계	
5단계	단어 쓰기 단계	
	• 하위 1단계: 완전한 단어 형태가 나타나고 자 · 모음 방향이 틀리거나 부분적으로 틀린 단계	
	• 하위 2단계: 완전한 단어 형태가 나타나고 자 · 모음 방향이 정확한 단계	
6단계	문장 쓰기 단계	
	• 하위 1단계: 문장 형태가 나타났으나 부분적으로 틀리는 단계	○
	• 하위 2단계: 틀린 글자 없이 완전한 문장 형태가 나타나는 단계	

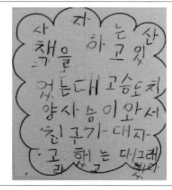

해석 :

성희는 자신이 한 이야기를 문자로 표현할 수 있다. 문장 형태로 표현하나 소리 나는 대로 쓰거나 자신이 알고 있는 글자 중 소리가 비슷한 글자로 대치하여 표현한다. 쓰기발달단계 중 7단계에 해당한다.

3. 평가 결과의 활용

평가 결과는 영유아의 언어발달 수준, 변화 정도, 언어교육과정의 적절성, 부모 면담과 생활기록부 작성 등을 위한 기초자료로 활용된다. 영유아 개인별 평가 결과로서 영유아의 언어발달수준에 맞는 교육과정을 계획하여 수준에 맞는 학습속도를 정할 수 있다. 또한 언어발달의 변화에 따라 교육활동이 적합한지, 효과가 어떠한지와 같은 교육과정의 효과에 대한 정보를 알 수 있어 영유아에게 더욱 적절한 교육활동을 제공할 수 있다. 그리고 부모와의 면담을 효율적으로 할 수 있다. 특히 평가 결과는 1년간의 유아교육기관에서의 생활을 종합적으로 평가해야 하는 생활기록부의 작성에 중요한 자료가 된다.

제**3**부

영유아 언어지도의 실제

1. 영아를 위한 언어활동

2. 유아를 위한 언어활동

1. 영아를 위한 언어활동

까꿍 놀이

활동목표

- 교사의 다양한 얼굴 표정을 보고 인식한다.
- 있고 없어지는 상황에 관심을 가지고 탐색한다.

활동연령

만 0~1세

표준보육과정 관련요소

의사소통: 듣기 – 말하는 사람을 보기

활동자료

이불

활동방법

(누워 있는 영아의 경우)

1. 매트 위에 누워 있는 영아와 눈을 마주치며 바라본다.
   - 선생님 얼굴 어디 있니?
   - 그래, 선생님 얼굴 여기 있지.
2. 교사가 두 손으로 얼굴을 가렸다 보여 주며 까꿍 놀이를 한다.
   - (교사가 두 손으로 얼굴을 가리고) 선생님 없다.
   - (얼굴을 가렸던 두 손을 치우며) 까꿍! 여기 있지.
   - 선생님이 또 없어졌네. 어디 있을까? 까꿍! 여기 있지.

(앉을 수 있는 영아의 경우)

1. 영아와 마주 보고 앉는다.
   - (교사가 두 손으로 얼굴을 가렸다 보여 주며) 까꿍!
   - 선생님 없다. 어디 있지?
   - 까꿍! 여기 있다.

2. 교사의 다양한 얼굴 표정을 보여 주며 까꿍 놀이를 해 본다.
   - 선생님이 어떤 표정이 나올까 잘 봐.
   - (교사가 윙크하는 모습) 까꿍!
   - (교사가 혓바닥을 내밀고 있는 모습) 까꿍!
   - 선생님 얼굴이 달라졌네.

3. 영아가 놀이에 흥미를 보이면 영아의 눈을 조금씩 가렸다 보여 주며 놀이를 한다.
   - (영아의 눈을 가리며) ○○(이)도 없어졌네? 어디로 갔을까?
   - 까꿍! 여기 있네.

유의사항

* 영아의 눈을 가릴 때, 교사의 손이 영아의 눈에 닿지 않도록 주의한다.
* 일과 내에서 옷을 갈아입어야 할 경우마다 반복적으로 실시하여 영아가 옷 갈아입는 것을 즐겁게 느낄 수 있도록 해 준다.
* 까꿍 놀이 책을 활용할 수도 있다.

 **낙엽 밟기**

활동목표

• 낙엽을 밟아보고 나는 소리를 들어 본다.

활동연령

만 0~1세

표준보육과정 관련요소

의사소통 : 듣기 – 주변의 소리와 말소리 구분하여 듣기

활동자료

낙엽

활동방법

1. 교사가 영아를 안고 낙엽을 밟아 본다.
   – 여기 바닥에 나뭇잎이 많이 떨어져 있구나.
   – 나뭇잎 위에 서니 바스락바스락 소리가 나네.
   – 나뭇잎 위에 서 볼까? 선생님이 잡아 줄게.
   – ○○(이)가 나뭇잎 위에 서니 바스락바스락 소리가 나는구나.
2. 교사가 낙엽 위를 걸으며 나는 소리를 영아에게 들려주며 이야기해 준다.
   – 선생님이 걸어 볼게.
   – 무슨 소리가 날까? 잘 들어 봐.
   – 바스락바스락 소리가 나는구나.

3. 영아의 손을 잡아 주어 나뭇잎 길을 함께 걸어 본다.

    - 선생님이랑 같이 나뭇잎을 밟아 볼까?

    - 선생님 손 잡고, 아장아장!

    - 나뭇잎 위를 걸으니 소리가 나네.

    - 선생님 발에서도 바스락바스락.

    - ○○(이) 발에서도 바스락바스락.

유의사항

  * 영아가 나뭇잎이나 다른 이물질을 입에 넣지 않도록 주의한다.

소리 나는 깡통 굴리기

활동목표

- 깡통에서 나는 소리를 들어 본다.
- 다양한 방법으로 깡통을 굴려 본다.

활동연령

만 0~1세

표준보육과정 관련요소

의사소통: 듣기 – 주변의 소리와 말소리 구분하여 듣기

활동자료

소리 나는 깡통(분유통에 여러 가지 소리를 낼 수 있는 재료(콩, 구슬, 방울 등)를 넣고 입구를 막은 후 양쪽 끝에 구멍을 뚫고 끈을 끼워 묶은 것으로, 깡통 겉면을 모양 스티커를 이용하여 꾸며 보게 할 수 있다.)

활동방법

1. 영아에게 깡통을 보여 주고 다양한 방법으로 탐색하도록 한다.
   - 깡통을 손에 쥐고 흔들어 볼까?
   - 어? 소리가 나네! 통 속에 무엇이 들어 있을까?
2. 깡통에 충분한 관심을 보이면, 끈을 잡은 깡통을 바닥에 놓고 굴려 본다.
   - 깡통이 데굴데굴 굴러가네.
   - 굴러가면서 소리가 나네. 어떤 소리일까?

– 깡통이 데굴데굴, 뱅글뱅글 ◯◯을/를 따라가네!

3. 깡통을 다양한 면(평지, 경사면 매트 등)에서 다양하게 굴려 본다.

   – 깡통을 미끄럼틀 태워 줄까?

   – 미끄럼틀에서 굴리면 깡통이 어디까지 굴러갈까?

제작 시 주의사항

* 깡통의 끈을 너무 길지 않게 하여 영아가 밟아서 넘어지지 않도록 한다.

* 깡통을 던지지 않도록 주의한다.

유의사항

* 영아가 가지고 놀이하기에 안전한 깡통을 사용한다.

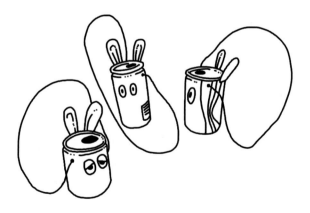

내 입에서 소리가 나요

활동목표

- 입으로 소리 내 보는 즐거움을 경험한다.
- 입으로 내는 다양한 소리에 관심을 가지고 들어 본다.

활동연령

만 0~1세

표준보육과정 관련요소

의사소통: 말하기 – 발성과 발음으로 소리 내기

　　　　　듣기 – 주변의 소리와 말소리 구분하여 듣기

활동자료

거울(영아용 안전거울)

활동방법

1. 영아와 마주 보고 앉아 입으로 내는 소리를 들려주며 입 모양에 관심을 갖
　도록 한다.
　　– 푸우우 무슨 소리지?
　　– 푸우우 선생님이 하니까 입술이 푸우우 움직이네.
2. 입으로 내는 여러 가지 소리를 반복하여 들려준다.
　　– 선생님 입에서 무슨 소리가 날까?
　　– 똑딱똑딱

　　　－다른 소리도 내 볼까? 우르르르, 까꿍!

　　　－쪽쪽쪽, 선생님 입술에서 소리가 나네. 뽀뽀 쪽!

3. 영아가 모방하여 소리 내려는 시도를 격려한다.

　　　－우와 ○○(이)도 똑딱똑딱, 쪽쪽쪽 소리를 냈구나.

　　　－○○(이)도 재미있는 소리를 냈구나.

4. 영아와 마주 보며 영아의 소리를 모방하여 반응해 준다.

　　　－선생님도 ○○(이) 따라해 봐야지.

활동 5 전화 놀이

활동목표

- 교사의 말을 듣고 반응한다.

활동연령

만 0~1세

표준보육과정 관련요소

의사소통: 듣기 – 주변의 소리와 말소리 구분하여 듣기

말하기 – 표정, 몸짓, 말소리로 말하기

활동자료

장난감 전화기

활동방법

1. 교사는 영아와 약간의 거리를 두고 마주 앉는다.

2. 영아와 마주 보며 장난감 전화기를 들고 이야기를 나눈다.

   – 여보세요. ○○(이)네 집이죠?

   – 안녕하세요? 저는 ○○ 선생님이에요.

   – ○○(이) 있어요?

   – 선생님은 ○○(이)를 사랑해.

   – ○○(이)도 선생님을 사랑해?

   – "선생님, 사랑해요." 하고 말해 보자.

3. 교사는 큰 목소리와 작은 목소리로 조절하며 이야기를 나눈다.

　　- (교사가 큰 목소리로) ◯◯(이) 사랑해.

　　- (교사가 작은 목소리로) 선생님 사랑해?

유의사항

* 전화 놀이 후, 역할영역에 장난감 전화기를 두어 또래와의 전화 놀이를 통해 상호
　작용할 수 있도록 한다.

* 만 0~1세 영아는 전화 놀이를 할 때 자기 차례에 맞추어 문장형의 대화를 주고받
　는 것이 수월하지 않으므로, 교사가 영아의 차례에 해야 할 대답을 아이 목소리로
　말하며 모델링을 보여 준다.

활동 6 **친구 생일 축하하기**

활동목표

- 생일을 맞이한 친구에게 축하하는 마음을 전달해 본다.
- 생일 축하 노래를 불러 본다.

활동연령

만 1세

표준보육과정 관련요소

의사소통 : 말하기 − 표정, 몸짓, 말소리로 말하기

활동자료

폐품상자를 활용하여 만든 케이크(또는 먹을 수 있는 케이크), 고깔모자, 꽃가루(신문지나 색종이를 크게 오려서 만든 것)

활동방법

1. 영아용 책상에 책상보를 덮고, 영아들과 함께 둘러앉는다.
2. 생일을 맞은 영아에게 고깔모자를 씌우고, 친구들에게 소개한다.
   - 오늘은 우리 반 ○○ 친구의 생일이란다.
   - ○○ 친구의 생일을 축하하는 잔치를 해 볼까?
3. 케이크를 책상 위에 올려놓은 후 박수치며 생일 축하 노래를 부른다.
   - 생일 축하합니다. 생일 축하합니다. ○○(이)의 생일을 축하합니다.
   - 우리 꽃가루도 뿌려 주자.

4. 생일을 맞은 친구에게 각자 축하 인사를 한다.

　- 친구를 안아 주면서 "축하해."라고 해 보자.

　- 친구에게 뽀뽀 선물을 해 줄까?

5. 생일 축하 인사를 나눈 후 케이크를 나누어 먹는 놀이를 한다(먹을 수 있는
　케이크의 경우, 간식을 대신하여 먹되 식사에 영향을 주지 않도록 한다).

유의사항

* 생일 축하에 쓰일 꽃가루는 위험하지 않도록 크기를 크게 만든다.

 **손 인형 놀이**

활동목표

- 다양한 소리와 옹알이를 시도한다.
- 인형에 관심을 가진다.

활동연령

만 0~1세

표준보육과정 관련요소

의사소통: 말하기 – 발성과 발음으로 소리 내기

활동자료

인형(손 인형 또는 헝겊 인형 등)

활동방법

1. 영아에게 헝겊 인형을 보여 준다.
   - (인형을 흔들며) 안녕, 나는 깡충깡충 토끼야.
   - ○○(이)도 토끼랑 인사해 볼까?
2. 영아의 흥미에 맞게 교사가 함께 놀이한다.
   - 강아지가 ○○(이) 손에 뽀뽀해 주네.
   - (인형을 교사의 등 뒤로 숨기며) 강아지가 어디 갔지?
   - 짠! 여기 있지.
   - 토끼가 악수하네. 만나서 반가워.

- 토끼한테 맛있는 밥을 먹여 줄까?

- 냠냠, 토끼가 잘 먹는구나.

3. 영아가 인형을 직접 조작하고 싶어 하면 영아의 손에 직접 끼워 주고 움직여 보며 놀이해 본다.

- ○○(이) 손에도 인형이 쏘옥 들어갔네.

- ○○(이)가 움직이니까 인형도 움직이네.

유의사항

* 영아가 옹알이로 소리 낼 때 교사는 말하는 것으로 여기고 들어 주며 반응한다.

* 인형의 크기는 영아의 손에 알맞은 것으로 준비한다.

"미안해."라고 말해요

활동목표

- 적절한 상황에서 다른 사람에게 "미안해."라고 말할 수 있다.

활동연령

만 2세

표준보육과정 관련요소

의사소통: 말하기 – 자신이 원하는 것을 말하기

활동자료

없음

활동방법

1. 교사는 하루 일과 중 영아들끼리 다툼이 일어났을 때 자연스럽게 상호작용
   해 준다.
   - ○○(이)는 왜 울고 있니?
   - ○○(이)가 자동차를 가지고 놀고 있는데 □□(이)가 빼앗아 갔구나.
   - □□(이)가 놀고 있을 때 ○○(이)가 빼앗아 가면 기분이 어떨까?
   - ○○(이)에게 뭐라고 말하면 좋을까?
   - 그래, "미안해." 라고 말해 볼까?
   - □□(이)도 자동차를 가지고 놀고 싶구나.
   - 여기 자동차 하나 더 있네. 이걸 가지고 놀면 어떨까?

2. 교사는 영아들이 잘못된 행동을 할 때 사과하고 받아들이는 습관이 자연스
  럽게 이루어지도록 생활 속에서 모델링을 해 주고 반복해서 지도해 준다.

유의사항

  * 교사는 영아들이 싸웠을 때 어떻게 사과하는지 구체적으로 이야기해 준다.
  * 교사는 영아들이 서로 문제를 해결해 나갈 수 있도록 적절한 개입과 조절을 해 준다.

즐거웠던 우리 반 사진을 보아요

활동목표

• 즐거웠던 기억을 떠올려 보고 이야기할 수 있다.

활동연령

만 2세

표준보육과정 관련요소

의사소통: 말하기 – 자신이 원하는 것을 말하기

활동자료

1년 동안 영아들의 활동을 모아 둔 사진들

활동방법

1. 교사는 영아들과 활동했던 사진을 모아 만들어 둔 사진첩을 준비한다.

   – 선생님이 재미있는 사진첩을 준비했어.

   – 사진 속에 어떤 모습들이 있는지 우리 같이 볼까?

2. 사진첩을 넘기면서 사진 속의 상황을 이야기하며 지난 일을 회상해 본다.

   – 생일잔치하는 사진이구나. 이때 누구 생일잔치였을까?

   – 다음엔 어떤 사진이 나올까?

   – 친구들이랑 물놀이하는 사진이네.

   – 이때 물놀이했던 것 기억나니?

3. 교사는 사진을 보며 언제, 누구랑, 무엇을, 어떻게 했는지 구체적 질문을

해 보고 영아가 대답해 볼 수 있도록 한다.

유의사항

* 영아가 기억해 내지 못하면 상황 설명을 해 주어 기억해 낼 수 있도록 한다.
* 영아가 기억을 잘하고 이야기를 잘하면 칭찬과 격려를 해 준다.

활동 10 동물 소리 흉내 내기

활동목표

- 동물의 소리와 생김새의 차이에 관심을 갖는다.
- 교사가 흉내 내는 의성어를 듣고 모방하여 소리 내어 본다.

활동연령

만 0~1세

표준보육과정 관련요소

의사소통: 말하기 – 발성과 발음으로 소리 내기

활동자료

동물 사진 자료(강아지, 고양이, 돼지)

활동방법

1. 동물 사진을 보며 생김새를 살펴보고 이름을 이야기해 본다.
   - 이것은 무엇일까?
   - 눈은 어디에 있을까? 그럼 코는 어디에 있을까?
2. 동물 사진을 보며 교사가 내는 동물 소리를 들어 보고 소리를 내어 본다.
   - 강아지는 "멍멍, 멍멍" 하고 소리를 낸단다.
   - ○○(이)도 "멍멍" 해 볼까?
   - 고양이는 "야옹, 야옹" 하고 소리를 낸단다.
   - △△(이)가 "야옹, 야옹" 해 볼까?

– 돼지는 어떤 소리를 낼까?

– 그래, "꿀꿀" 하고 소리를 내는구나.

유의사항

* 소리와 움직임 구별이 쉬운 동물 사진 자료를 이용하도록 한다.

* 동물 소리 흉내 내기뿐만 아니라 사진 자료를 보면서 움직임도 흉내 내어 본다.

사람 목소리 구별하기

활동목표

- 카세트에서 들리는 목소리에 관심을 가지고 들어 본다.
- 목소리를 듣고 누구의 목소리인지 구별하여 본다.

활동연령

만 0~1세

표준보육과정 관련요소

의사소통: 듣기 – 주변의 소리와 말소리 구분하여 듣기

활동자료

영아에게 의미 있는 사람(엄마, 아빠, 아기, 할머니, 할아버지 등)들의 목소리를 녹음한 테이프, 카세트

활동방법

1. 카세트에서 들리는 목소리를 영아와 함께 들어 보고 이야기를 나누어 본다.
   - 이 카세트에서 누구의 목소리가 들리는지 들어 보자.
   - 누구의 목소리일까?
   - 아가 울음소리가 들리네.
   - 이번엔 누구의 목소리일까?
2. 목소리의 주인공에 대해 이야기 나눈 후, 다시 한 번 들어 본다.
   - (다시 목소리를 들어 본 후) 엄마가 어떤 말을 했었지?

－그래, "사랑해."라고 했었구나.

－우리 다시 들어 보자.

유의사항

＊영아가 쉽게 구별할 수 있는 소리를 선택하도록 한다.

＊동물 소리, 자동차 소리 등 다양한 소리를 들어 본다.

활동 12   모양 도장 찍기 놀이

활동목표

- 도장을 찍은 후 나타나는 모양의 이름을 알아본다.
- 도장 찍기 놀이를 하면서 재미를 느껴 본다.

활동연령

만 1세

표준보육과정 관련요소

의사소통: 듣기 – 경험과 관련된 말 듣고 알기

활동자료

모양이 있는 도장, 스탬프, 종이

활동방법

1. 도장을 찍기 전에 도장 밑에 있는 그림을 살펴본다.
    - 도장에 어떤 그림이 있을까?
    - 그렇구나. 꿀꿀 돼지도 있고, 멍멍 강아지도 있네.
    - 어떤 동물이 좋으니?
2. 도장을 스탬프에 찍어서 종이 위에 찍어 본다.
    - 좋아하는 동물 모양 도장으로 찍어 보자.
    - 자, 이렇게 도장을 스탬프에 찍어서 종이 위에 찍어 보자.
    - 선생님이 도와줄게. 같이 종이에 찍어 보자.

3. 도장을 찍은 후 종이 위에 나타난 모양을 살펴본다.

　　– 어떤 동물 모양이 나타났을까?

　　– 또 다른 도장으로 찍어 보자.

유의사항

　* 동물원 그림 자료(또는 동물농장 그림 자료)를 배경으로 하여 도장을 찍어 본다.

　* 도장의 윗부분에 동물 그림을 붙여 영아가 쉽게 구별할 수 있도록 한다.

활동 13   동시 〈아기 웃음〉

활동목표

- 동시를 듣고 이해하며 말로 표현해 본다.
- 동시를 감상하며 심미감을 느껴 본다.

활동연령

만 2세

표준보육과정 관련요소

의사소통: 듣기 – 짧은 문장 듣고 알기

말하는 사람을 주의 깊게 보기

활동자료

동시판(글과 그림이 그려져 있는 그림판), 얼굴 그림에 붙일 수 있는 눈, 코, 입, 귀 그림

활동방법

1. 영아에게 동시를 천천히 들려준다.
   - 선생님이 〈아기 웃음〉이라는 동시를 들려줄게.
   - 이 동시에는 귀여운 아기가 나오는데 너희들도 한 번 만나 볼래?
2. 영아에게 반복하여 들려주며 영아 자신의 눈/코/입/귀를 찾아보도록 한다.
   - 선생님이 다시 한 번 들려줄게. 잘 들어 보자.
   - 누구 눈이 제일 반짝거리는지 한 번 볼까?

　－방긋 웃는 입은 어디 있을까?

　－쫑긋 귀는 어디 있을까?

3. 동시가 익숙해지면 영아들이 동시를 따라서 해 보도록 한다.

아기 웃음

반짝 눈이 웃고

벌름 코가 웃고

방긋 입이 웃고

쫑긋 귀가 웃고

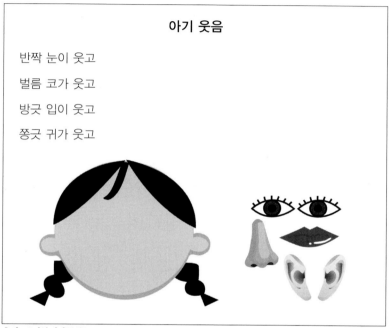

출처: 보건복지가족부(2008, p. 283).

 **친구 얼굴을 찾아보아요**

활동목표
- 사진을 보며 친구의 이름을 말한다.
- 자신이 속한 집단을 인식한다.

활동연령
만 2세

표준보육과정 관련요소
의사소통: 말하기 – 상대방을 바라보며 말하기

활동자료
반 친구들의 사진이 부착된 이름 카드

활동방법
1. 영아와 함께 이름 카드를 보며 친구들을 살펴본다.
   - 여기에 사진이 있네. 누구일까?
   - 다음에는 누구의 사진이 있을까?
2. 이름 카드를 한 장씩 넘기며 친구의 모습을 보고 이야기를 나누어 본다. 교사는 영아의 사진 밑에 적힌 영아 이름을 손가락으로 한 자씩 짚어 가며 친구의 이름을 정확히 이야기해 준다.
   - 여기 누가 있지?
   - 머리를 묶은 이 친구는 누구지?

- 그럼 안경을 낀 친구는 누구일까?

- 머리띠를 한 친구는 누구지?

- 우와~ ○○(이)가 친구를 잘 찾는구나.

확장활동

* 이름 카드는 언어영역에 놓아두어 놀이활동 시간에 자유롭게 탐색할 수 있도록
  한다.

활동 15 **코코코 놀이**

활동목표

- 말을 주의 깊게 듣고 적절한 반응을 한다.
- 신체의 부분을 인식하고 찾아보는 경험을 한다.

활동연령

만 2세

표준보육과정 관련요소

의사소통: 듣기 – 말하는 사람을 주의 깊게 보기

말하기 – 상대방을 바라보며 말하기

활동자료

없음

활동방법

1. '눈은 어디 있나' 노래를 함께 부르며, 눈/코/입을 영아와 함께 찾아본다.
2. 교사는 "코코코"라고 말하며 신체 부위를 찾는 놀이를 영아들에게 이야기
   해 준다.
   - 얼굴에는 무엇이 있지?
   - "코코코" 하고 말하면서 얼굴에는 뭐가 있는지 찾아볼거야.
3. '코코코' 놀이를 빠르게(또는 느리게) 하여 영아와 함께 해 본다.
   - 이번에는 선생님이 조금 빠르게 해 볼게.

－ "코코코" 한 다음 선생님이 말하는 곳을 잘 찾아보자.

－ 이번엔 조금 느리게 해 볼게. 선생님이 말하는 곳을 잘 찾아보자.

확장활동

* 우리 몸에는 어떤 곳이 있는지 찾아보는 놀이를 할 수 있다.

* 놀이에 익숙해지면 교사는 말한 신체부위와 다른 곳을 가리키고 영아들은 교사가
  말한 신체부위를 찾아보는 놀이를 해 본다.

활동 16 우리 가족을 소개해요

활동목표
- 가족에 대해 기억하고 구별하여 말해 본다.
- 가족사진을 보면서 안정감을 느껴 본다.

활동연령
만 2세

표준보육과정 관련요소
의사소통: 말하기 − 낱말과 간단한 문장으로 말하기

활동자료
가족사진

활동방법
1. 언어영역에 있는 가족사진을 함께 보며 이야기를 나눈다.
    − 누구랑 같이 찍은 사진이니?
    − 엄마, 아빠와 함께 찍은 사진이구나.
2. 영아와 함께 가족사진을 보며 사진 속에 누가 있는지 알아본다.
    − 우와! □□(이)는 여기에 있구나.
    − □□(이)는 누구와 함께 사진을 찍었니?
    − 무엇을 하고 있는지 볼까?
    − □□(이) 가족사진에는 누가 있는지 알아볼까?

　－□□ (이)는 이 가족사진을 어디에서 찍었니?

유의사항

* 영아의 개별적인 반응에 따라 이야기를 하며 진행한다.
* 사진을 보며 언제, 어디서, 무엇을 하면서 찍은 것인지 기억해 보도록 한다.

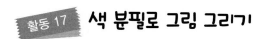 **색 분필로 그림 그리기**

활동목표

- 분필을 이용해 자유롭게 그려 본다.
- 모양을 보고 기본 도형의 모양을 구별해 본다.

활동연령

만 2세

표준보육과정 관련요소

의사소통: 쓰기 – 끼적이며 즐기기

활동자료

색 분필(가루가 날리지 않도록 물 스프레이를 이용해 충분히 적시기), 검정 도화지

활동방법

1. 영아에게 색 분필과 검정 도화지를 탐색하게 한다.
   - 이건 분필이란다. 이 분필로 써 본 적 있니?
2. 영아가 색 분필을 선택하여 검정 도화지에 끼적이기를 해 본다.
   - 이게 뭐야? 이번에는 다른 색으로 해 볼까?
3. 영아가 자유롭게 끼적이며 즐길 수 있도록 교사는 적절하게 상호작용을 한다.
   - 색 분필로 그려 보니 어떠니?
   - 사인펜으로 그릴 때와 어떻게 다르니?

유의사항

* 영아들의 발달을 고려하여 너무 작은 종이를 주지 않도록 한다.

확장활동

* 실외놀이 시 시멘트 바닥이나 아스팔트 바닥에 그려 보아도 흥미롭다.

활동 18 부릉부릉 빵빵

활동목표: 책 속의 그림과 소리에 흥미를 가진다.

활동연령: 만 0~1세

표준보육과정 관련요소

　의사소통: 읽기 – 그림책과 환경 인쇄물에 관심 가지기

활동자료: 누르면 소리가 나는 『탈 것』 그림책

활동방법

　1. 교사는 영아를 무릎 위에 앉히고 함께 책을 본다.

　　－ (책 표지의 그림을 가리키며) 우와, 이게 뭐지? 빵빵 자동차가 있네.

　2. 그림책에서 나는 소리를 들어 본다.

　　－ 어? 무슨 소리지?

　　－ 부릉 부릉, 빵빵

　　－ 빵빵, 자동차가 지나갑니다.

　3. 그림책에서 나는 소리를 듣고 직접 눌러 소리 내 볼 수 있도록 격려한다.

　　－ 선생님이 여기를 누르니까 빵빵 소리가 나.

　　－ ○○(이)도 눌러 볼래? 빵빵!

유의사항: 그림책의 건전지 넣는 부분을 확인하여 뚜껑이 열리지 않도록 한다.

2. 유아를 위한 언어활동

활동 1 어떤 채소일까?

활동목표

- 채소의 특징에 관심을 가진다.
- 문장을 듣고 그 내용을 안다.

활동연령

만 5세

누리과정 관련요소

의사소통: 듣기 – 이야기 듣고 이해하기

활동자료

플래시 동화 〈나는 누구게?〉

활동방법

1. 〈나는 누구게?〉 플래시 자료를 통해 각 채소의 특징과 속의 모양을 보고 어떤 채소인지 같이 알아본다.

   - 나는 덩굴손으로 다른 것을 돌돌 감고 자라. 올라가는 걸 무척 좋아하거든.
   - 내 몸속에는 부드러운 씨가 많고, 씹으면 아삭아삭 상큼한 맛이 나지. 나는 누구일까? (오이)
   - 나는 뿌리라서 땅속에 있어. 달고 맛있어서 토끼도 말도 나를 좋아해. 몸이 길쭉하고 주황색인 나는 누구일까? (당근)

－사람들이 나를 가지고 요리를 많이 해. 죽도 만들고, 전도 만들고, 잎으
　　로는 쌈도 싸 먹고, 심지어 씨까지 말려서 맛있게 까먹지. 못생겼다고 놀
　　림을 받아서 속상한 나는 누구일까? (호박)

2. 채소 사진 자료(고구마, 양배추, 연근 등)를 보면서 어떤 특징(모양, 색)을 가지
　고 있는지에 대해 이야기 나눈다.

　　－이것은 무엇일까?

　　－너희들도 채소 수수께끼를 만들어 보자.

3. 사진 자료를 제공하여 유아들이 자유선택활동 시간에 다양한 수수께끼를
　만들 수 있도록 격려한다.

확장활동

＊차후 자유선택활동 시간의 조형활동 '야채 찍기'와 연계할 수 있다.

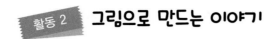 **그림으로 만드는 이야기**

활동목표

- 그림을 보고 창의적으로 이야기를 짓는다.
- 우리나라의 전통예술에 관심을 가진다.

활동연령

만 5세

누리과정 관련요소

의사소통: 말하기 – 느낌/생각/경험 말하기

쓰기 – 쓰기에 관심 가지기

활동자료

호랑이가 그려진 민화(A4 크기 이상), 닭이 그려진 민화(A4 크기 이상), 화이트보드판, 마커펜, 민화와 말풍선이 그려진 활동지

활동방법

1. 유아가 해당 그림에 관심을 가지고 사전경험을 할 수 있도록 교실 벽면에 그림을 게시하거나 관련 그림으로 퍼즐 맞추기 활동 등을 전개한다.
2. 유아와 함께 그림의 내용에 대하여 이야기를 나눈다.
   - 이 그림은 무엇을 그린 것일까?
   - 호랑이는 어떤 표정을 하고 있니? 왜 그런 표정을 하고 있을까?
3. 그림과 관련된 이야기를 지어 본다.

- 이제 2장의 그림에 이야기를 만들어 볼 거야.

- ○○(이)는 어떤 그림으로 이야기를 만들고 싶니?

4. 몇몇 유아의 이야기를 화이트보드에 적으며 이야기를 계속 이어간다. 이 때, 교사가 먼저 이야기 짓기를 시작하거나 활동에 동참하여 이야기의 흐름이 잘 구성될 수 있도록 돕는다.

5. 차후 자유선택활동 시간에 개별 유아가 창의적인 이야기를 구성할 수 있도록 언어영역에 관련 활동지를 제공한다.

확장활동

* 차후 개별 유아의 그림으로 만든 이야기(활동지)가 모두 완성되면 유아들의 활동지를 모아서 〈그림으로 만든 이야기책〉으로 엮어 주거나 언어영역에 게시한다.

활동 3 | 단어를 맞춰 봐요

활동목표

- 해당 사물의 이름을 정확한 발음으로 표현한다.
- 다른 사람의 말을 주의 깊게 듣는다.

활동연령

만 4세

누리과정 관련요소

의사소통: 듣기 – 낱말과 문장 듣고 이해하기

말하기 – 낱말과 문장으로 말하기

활동자료

주제와 관련된 다양한 사물(예: 사과, 키위, 참외, 포도, 당근, 배추, 양파, 감자 등)
이 나타난 2음절 카드(글-그림으로 표현된 카드)

활동방법

1. 유아들이 앉으면, 교사는 유아에게 활동방법을 간단히 설명한다.
   - 이 카드에 무엇이라고 쓰여 있니?
   - 여기에 써진 글자를 동시에 읽으면 어떤 소리가 날까?
   - (교사가 한 명의 유아를 앞으로 나오도록 하고) 선생님이랑 같이 읽어 보자.
   - 들어 보니 어떤 소리 같니?
2. 교사는 손을 든 유아 중에, 두 명의 유아를 나오도록 하고 2음절 카드를 보

여 준다. 교사는 각 유아별로 한 글자씩 정해 준다.

- 친구들이 "하나, 둘, 셋" 하고 말하면, 자기가 맡은 글자만 동시에 말해 보자.

- 듣는 아이들은 어떻게 들어야 할까? 귀를 쫑긋하고 무슨 단어인지 잘 들어 보자.

3. 앉아 있는 유아들이 "하나, 둘, 셋" 하면 두 명의 유아가 동시에 자기가 맡은 글자를 말한다.

- ('참외'라고 쓰인 카드를 들고) 참!

- ('참외'라고 쓰인 카드를 들고) 외!

4. 다른 유아들이 손을 들고 해당 단어를 이야기하고, 교사는 2음절 카드를 보여 주며 비교한다.

확장활동

* 소그룹의 유아끼리 또는 교사와 대그룹의 유아 모두 가능한 활동이다.
* 2음절에 익숙해지면 3음절로 확장 가능하다.

수 박   사 과   참 외   포 도

활동 4 | 무슨 소리인지 들어 봐요

활동목표

- 특정 사물의 소리를 주의 깊게 듣는다.
- 해당 사물의 이름을 정확하게 발음한다.

활동연령

만 3~4세

누리과정 관련요소

의사소통: 듣기 – 낱말과 문장 듣고 이해하기

활동자료

주제와 관련된 다양한 사물의 소리가 녹음된 녹음 자료(예: 망치 두드리는 소리, 선풍기 돌아가는 소리, 세탁기 돌아가는 소리, 믹서기 돌아가는 소리, 전화벨 소리 등), CD 플레이어, 관련된 그림 카드(예: 망치, 톱, 선풍기, 세탁기, 믹서, 전화기, TV 등)

활동방법

1. 교사는 유아들의 눈을 감게 하고, 녹음된 소리의 하나를 들려준다.
   - 무슨 소리인 것 같니?
   - 어디서 들어 봤니?
2. 한 명의 유아가 나와 융판 칠판에 해당 사물의 그림 카드를 골라서 붙인다.
   - 이 그림은 무엇이니?

- (그림 카드에 있는 사물) ○○○의 소리를 다시 한 번 들어 보자.

3. 교사는 또 다른 소리를 들려주고, 유아 전체에게 무슨 소리인지 물어본다.

- 이 소리는 무슨 소리일까?

- ○○의 소리를 나타내는 그림은 무엇이니?

4. 교구를 활용하는 방법을 간단히 설명한다.

- 지금 해 보았던 것처럼 어떤 소리가 들리면 그 소리가 나타내는 그림을 고를 거야.

- 듣기 영역에 CD 자료와 그림 카드를 같이 놓을게. 가서 해 보자.

확장활동

* 개인용 듣기활동 또는 대그룹의 유아와 이야기 나누기 활동으로도 가능한 활동 이다.

* 연령이 높아지면 더욱 다양한 사물의 소리를 제공한다.

활동 5   # 같은 말, 다른 뜻

활동목표

- 낱말의 발음에 관심을 가지고 그 의미를 구별한다.
- 낱말과 문장을 듣고 상황에 적절한 뜻을 이해한다.

활동연령

만 5세

누리과정 관련요소

의사소통: 듣기 - 낱말과 문장 듣고 이해하기

활동자료

동음이의어가 표시된 그림 카드(예: 밤, 배, 다리, 눈, 풀 등)

활동방법

1. 교사는 유아에게 다음의 이야기를 들려준다.
   - 오늘은 같은 소리이지만 다른 뜻을 가진 낱말이 나오는 이야기를 들려
     줄게.
   - 어떤 낱말들이 있는지 잘 들어 보자.

> 선생님은 초록색 풀로 멋진 팔찌를 만들어서 친구에게 주려고 편지
> 를 썼어. 팔찌를 봉투에 넣고 풀로 붙였지. 그리고 밤에 밤을 먹고
> 잤는데, 배가 아팠어. 밖에 나가 보니 밤새 눈이 와서 눈이 부셨어.

> 병원에 가려면 배를 타고 가야 하는데, 넘어져서 다리도 아팠어. 그
> 래도 겨우 배를 타고 한강 다리에 도착했어.

2. '동음이의어'의 뜻을 알려 주고, 해당 낱말을 회상한다.
    - 선생님의 이야기에 같은 소리로 들리지만, 다른 뜻을 가진 낱말이 있
      었어.
    - 어떤 낱말이었는지 기억나니?
    - 이렇게 같은 소리이지만 그 뜻이 다른 낱말을 어려운 말로 '동음이의어'
      라고 해. 다 같이 말해 보자.
3. 다시 이야기를 들려주며 유아들과 함께 해당 단어에 적절한 그림 카드를
   찾아본다.
    - (그림 카드를 칠판에 붙여 놓고) 선생님이 이야기를 다시 들려줄게. 어떤
      뜻인지 생각해 보고 그림을 찾아보자.
    - '밤에 밤을 먹고 잤는데, 배가 아팠어.'에서 첫 번째 밤은 어떤 그림일까?
      누가 나와서 그림을 찾아볼까?
4. 유아들이 모든 그림을 찾으면, 이야기에 나온 순서대로 그림을 붙이고 다
   시 한 번 이야기를 들려주거나 이번에는 유아들이 이야기를 만들어 본다.
    - 그럼 이제 그림을 잘 보면서 이야기를 들어 봐.
    - 이제는 너희들이 밤, 눈, 배, 다리, 풀이 들어가는 이야기를 만들어 보자.
      누가 먼저 이야기해 볼래?

확장활동
* 유아들이 만든 다양한 이야기를 녹음하고, 그림 카드와 함께 듣기영역에 제공할
  수 있다.

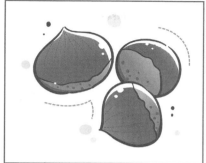

활동 6 이야기 듣고 그리기

활동목표

- 다른 사람의 이야기를 주의 깊게 듣는다.
- 다른 사람의 이야기를 듣고 이해한다.

활동연령

만 4~5세

누리과정 관련요소

의사소통: 듣기 – 이야기 듣고 이해하기

활동자료

여러 색의 도화지(A4 크기), 다양한 색의 사인펜

활동방법

1. 교사는 유아에게 활동을 설명한다.
   - 오늘은 선생님이 들려주는 이야기를 듣고 그것을 그림으로 그려 볼 거야.
   - 그림을 그리고 싶은 색도화지를 골라 보자.
2. 교사는 다음의 이야기를 큰 소리로 반복하여 읽어 준다.
   - 들을 준비 되었니? 선생님이 들려줄게. 잘 들어 보자.

> 숲 속 가운데에는 노란색 지붕의 커다란 집이 있었어요. 집 뒤에는
> 빨간 우체통이 있고 그 옆에는 초록색 나무가 있었어요. 주황색 리

> 봄을 맨 곰돌이는 나무 앞에 서서 사과를 먹고 있었어요. 파란 하늘
> 에는 흰 구름과 동그란 해님이 떠 있어요. 그런데 곰돌이 머리 위에
> 서 검은 거미가 내려와서 곰돌이는 깜짝 놀랐어요.

3. 유아들은 자신의 그림을 완성한 후, 다른 친구들의 그림과 비교해 본다.

유의사항

* 유아들이 그림을 그릴 수 있도록 충분한 시간적 여유를 두고 이야기를 반복한다.
* 색깔이나 위치, 방향 등 상황을 나타내는 설명을 추가하여 더 자세하게 묘사한다.

활동 7 **동물 소리 말하기**

활동목표
- 각 동물이 내는 소리를 알아본다.
- 정확한 발음으로 말한다.

활동연령
만 3세

누리과정 관련요소
의사소통: 말하기 – 상황에 맞게 바른 태도로 말하기

활동자료
고양이, 강아지, 소, 돼지, 오리, 염소, 양, 개구리, 병아리, 닭, 코끼리 등의 동물이 그려진 그림 카드, 그림 카드를 넣어 놓을 수 있는 상자나 주머니

활동방법
1. 교사는 교구를 소개하며 동물이 그려진 그림 카드를 상자나 주머니에 넣은 상태에서 유아에게 제시하고, 그림 카드를 1장 뽑는다.
    - 이 안에는 여러 동물이 그려진 그림 카드가 있어.
    - 선생님이 1장 뽑아 볼게.
2. 동물 카드를 보여 주고 어떤 소리가 나는지 이야기 나눈다.
    - 이 동물은 이름이 무엇이지?
    - 어떤 소리를 내니? 우리 다 같이 그 소리를 내어 보자.

3. 두 명의 유아가 나와서 위와 같은 방법으로 활동한다.

   - ○○(이)가 주머니에서 카드를 뽑아 보자.

   - 이 동물은 어떤 소리를 내니?

4. 교구를 활용하는 방법을 소개한 후, 언어영역에 놓는다.

   - 이것을 언어영역에 놓아둘게. 더 하고 싶은 아이는 자유선택활동 시간
   에 해 보자.

유의사항

* 유아가 잘 알고 있는 익숙한 동물부터 제공하여 유아들이 활동을 즐길 수 있도록
  한다.
* 점차 동물 카드의 수를 늘려 제공하거나, 동물 소리를 활용하여 문장도 완성할 수
  있도록 격려한다.

활동 8   감정 말하기

활동목표

- 상황에 맞게 적절한 낱말과 문장으로 말한다.
- 다양한 낱말을 사용하여 자신의 느낌과 생각을 창의적으로 구성한다.

활동연령

만 3~4세

누리과정 관련요소

의사소통: 말하기 – 느낌/생각/경험 말하기

상황에 맞게 바른 태도로 말하기

활동자료

할아버지, 할머니, 아빠, 엄마, 남자 유아, 여자 아기 등 가족 구성원의 그림이 그려진 동그란 판, 다양한 얼굴 표정의 감정이 그려진 동그란 판(예: 웃는 얼굴, 찡그린 얼굴, 화난 얼굴, 슬픈 얼굴, 우는 얼굴, 놀란 얼굴 등)

활동방법

1. 교사는 유아에게 동그란 판 2개를 보여 주며 이야기 나눈다.
   - 여기 첫 번째 동그란 판에는 누가 누가 있니?
   - 다른 동그라미 판에는 어떤 표정들이 있니?
2. 교사는 동그란 판의 화살표를 손가락으로 튕겨 특정 그림에 멈추도록 한 후, 이야기를 지어 본다.

－선생님이 여기 화살표를 움직여 볼게. 할머니에서 멈추었네.

　　－다음 화살표도 움직여 볼게. 웃는 표정이 나왔다.

　　－할머니는 왜 웃고 계실까? 생각하고 말해 보자.

3. 두 명의 유아가 같은 방법으로 이야기를 만들며 유아의 창의적인 생각을
   격려한다.

　　－아빠는 (□□(이)가 미끄럼틀을 잘 타는 것을 보고) 웃으셨구나.

　　－아기는 (○○(이)가 장난감을 가져가서) 울었구나.

4. 교구의 활용 방법을 소개한 후, 언어영역에 놓는다.

　　－이것을 언어영역에 놓아둘게. 더 하고 싶은 아이는 자유선택활동 시간
   에 해 보자.

확장활동

* 활동이 익숙해질수록 점차 제공되는 그림의 종류를 추가하여 이야기를 만든다.

　－(무엇) 사물과 관련된 그림: 책, 블록, 꽃, 축구공, 수건 등

　－(언제) 때와 관련된 그림: 아침, 낮, 저녁, 밤 등

　－(어디서) 장소와 관련된 그림: 산, 바닷가, 숲 속, 강가, 유치원, 집 등

 **수수께끼**

활동목표

- 다양한 교통기관의 특징을 안다.
- 상황에 적절한 다양한 낱말을 사용하여 말한다.

활동연령

만 4~5세

누리과정 관련요소

의사소통: 말하기 – 낱말과 문장으로 말하기

느낌/생각/경험 말하기

활동자료

다양한 교통기관이 그려진 그림 카드(택시, 비행기, 기차, 지하철, 버스 등)

활동방법

1. 2~5명으로 그룹을 형성한 후, 그중 한 명의 유아에게 그림 카드를 선택하게 한다.
2. 그 유아는 그림 카드의 사물을 다른 유아들에게 말로 설명한다. 이때, 만 4세는 원활한 설명에 도움을 주기 위해 설명할 단어나 간단한 문장을 그림 카드의 아랫부분에 같이 제시하여도 좋다.
3. 다른 유아들은 설명을 들은 후, 손을 들고 해당 사물이 무엇인지 말한다.
4. 설명한 유아는 그림 카드를 보여 주며 답을 확인하고, 답을 맞힌 유아가 다

음 술래가 되어 수수께끼를 낸다.

유의사항

  * 그림 카드의 양은 점차 늘려 주되, 처음에는 익숙하고 설명하기 쉬운 사물부터 제
    시한다.

  * 연령이 높은 유아는 같은 사물이라도 다른 관점에서 설명할 수 있으므로, 다양한
    설명을 한 유아를 격려해 준다.

활동 10 ## 여름에 볼 수 있는 것

활동목표

- 여름과 관련된 단어를 찾고 읽어 본다.
- 글과 그림을 활용한 읽기를 즐긴다.

활동연령

만 3~4세

누리과정 관련요소

의사소통: 읽기 - 읽기에 흥미 가지기

활동자료

여름과 관련된 단어가 써진 카드 / 그림 카드(1세트 2장, 예: 수영복, 수영모자, 튜브, 물안경, 바다, 선풍기, 부채, 모자 등)

활동방법

1. 교사는 유아에게 새로운 교구를 소개한다.
   - 새로운 놀잇감을 소개할게.
   - (여러 카드 중에서 1개만 선택하여 보여 주며) 이 카드는 무엇이니?
   - 여기에 무엇이 그려져 있는지(써져 있는지) 다 같이 말해 보자.
2. 게임 방법을 설명한다.
   - 여기에 카드가 모두 2장씩 있어. 이렇게 뒤집어 놓고 시작하는 거야.
   - 서로 순서를 정해서 원하는 카드를 2장 뒤집을 거야.

　　　－2장을 동시에 뒤집어서 같은 카드가 나오면 그 2장을 가져오는 거야.

　　　－만약 서로 다른 카드가 나오면 어떻게 할까? 다시 제자리에 처음처럼 뒤

　　　　집어 놓을 거야.

　3. 한 명의 유아가 나와 게임 방법을 따라해 본다.

　　　－○○(이)는 무슨 카드가 나왔니?

　　　－이렇게 서로 다른 카드가 나오면 다시 그대로 놓고, 다음 사람이 하는

　　　　거야.

　　　－게임이 끝나면 카드의 개수가 가장 많은 사람이 이기는 거야.

　4. 언어영역에 제공하여 다른 유아들도 활동할 수 있도록 한다.

　　　－자유선택활동 시간에 하고 싶은 아이들은 게임을 해 보자.

유의사항

* 글을 잘 읽지 못하는 유아를 위해 카드에 글과 그림을 같이 제공한다.
* 되도록 교사가 함께 참여하여 유아들의 글 읽는 것을 자연스럽게 도와준다.

수영복	수영모	튜브	물안경
선풍기	부채	모자	바다

그림에 적절한 글 찾아 주기

활동목표

- 다양한 행동과 방향의 의미를 이해한다.
- 그림을 활용하여 점차 읽기에 흥미를 가진다.

활동연령

만 4세

누리과정 관련요소

의사소통: 읽기 - 읽기에 흥미 가지기

활동자료

다양한 상황이 그려진 그림 자료, 그림의 내용을 글로만 나타낸 카드(예: 풀을 먹는 토끼, 잠을 자는 사자, 물속의 하마, 나뭇잎 위의 생쥐, 나무 아래의 부엉이, 바위 뒤의 다람쥐, 연못 앞의 개구리 등)

활동방법

1. 교사는 유아에게 그림 자료와 글자 카드를 제시한다.
   - (여러 그림 중에서 특정한 1개를 보여 주며) 이 그림은 어떤 그림이니?
   - (글로 쓰인 몇 개의 제목 카드를 칠판에 붙이고) 여기에 무엇이라고 써져 있는지 읽어 보자.
2. 그림의 상황이 나타난 글이 써진 카드를 그림의 옆에 붙여 준다.
   - 이 그림을 나타내는 카드를 찾아 그림 옆에 붙여 주자.

3. 1~2명의 유아가 나와 그림이 나타내는 것을 보고, 관련된 카드를 찾아
본다.

– (교사는 몇 개의 그림을 더 제시하며) 이 그림에는 어떤 카드를 붙여 줄까?

4. 언어영역에 제공하여 많은 유아가 활동할 수 있도록 한다.

유의사항

* 글을 잘 읽지 못하는 유아를 위해 교사가 글 읽는 것을 도와준다.

활동 12 이것은 무슨 동작일까?

활동목표

- 각 동작을 나타내기에 적절한 표현을 알아본다.
- 글자를 읽고 그 상황을 묘사하는 적절한 행동으로 표현한다.

활동연령

만 4~5세

누리과정 관련요소

의사소통: 읽기 – 읽기에 흥미 가지기

활동자료

여러 행동이 글로 적힌 카드(예: 책을 보다, 공을 차다, 밥을 먹다, 춤을 추다, 노래를 부르다, 뛰다 등), 카드를 넣어 놓을 바구니

활동방법

1. 교사는 유아에게 게임 방법을 알려 준다.
   - 오늘은 우리가 말은 하지 않고 동작으로만 설명하는 게임을 할 거야.
   - 한 명의 아이가 나와 이 바구니에서 카드를 뽑을 거야. 그런데 자기만 볼 수 있어. 그리고 그 카드의 동작을 다른 아이들에게 몸으로 표현할 거야.
   - 그 아이가 표현한 것을 너희들이 말해 주는 거야.
2. 교사가 미리 시범을 보인다.

- (카드를 뽑으며) 선생님만 보고 몸으로 표현할게.

- 어떤 동작인 것 같니?

3. 몇몇 유아가 나와서 같은 방법으로 해 본다.

    - ○○(이)가 나와서 카드를 선택하자.

    - ○○(이)가 보여 준 동작은 어떤 동작이니?

4. 이 교구를 언어영역에 제공하여 자유선택활동 시간에 활동하도록 권한다.

유의사항

* 어린 연령의 유아는 글과 그림으로 된 카드를 제공하여, 설명할 때 그림의 모습에서 더 구체적으로 설명할 수 있는 단서를 찾을 수 있게 한다.

* 처음에는 설명하기 쉬운 동작부터 제공하고, 점차 동작을 나타내는 카드의 수를 늘리거나 특정 주제(예: 운동)로만 제공할 수도 있다.

활동 13 내가 만약 ~(이)라면

활동목표

- 자신의 생각과 느낌을 글로 표현한다.
- 각 상황에 적절한 단어와 문장을 글로 표현한다.

활동연령

만 4~5세

누리과정 관련요소

의사소통: 쓰기 – 쓰기에 관심 가지기

활동자료

다양한 상황이 글과 그림으로 그려진 카드(예: '내가 만약 마술사라면? 내가 만약 하늘을 날 수 있다면? 내가 만약 우주인이라면? 내가 만약 투명해진다면? 내가 만약 코끼리라면?' 등 유아 수준에서 상상할 수 있는 자료를 준비), 다양한 색의 종이(A4 크기)

활동방법

1. 교사는 다양한 상황이 제시된 자료 중에서 1장을 선택하고 유아에게 질문한다.
   - 오늘은 우리가 ~이/가 되어 보는 '내가 만약 ~(이)라면'을 해 볼 거야.
   - (그림 카드를 보여 주며) 여기 무엇이라고 써져 있니? 같이 읽어 볼까?
   - 만약 사자라면 어떤 일을 하고 싶니?

2. 교사는 각 상황에 대한 유아들의 다양한 의견을 듣고 창의적 표현을 격려
   한다.
   - ○○(이)는 그렇게 생각했구나. 참 멋진 생각이구나.
   - "저는 다른 생각을 했어요." 하는 아이 있니?
3. 충분히 상호작용을 한 후, 유아들에게 종이를 나누어 준다.
   - 지금까지 이야기 나눈 것 중에서 가장 마음에 드는 생각을 글과 그림으
   로 그려 볼 거야.

유의사항
* 유아들의 작품을 모아 언어영역에 제시하여 유아들이 서로의 다양한 생각을 비교
  할 수 있도록 한다.
* 아직 글을 자유롭게 쓰지 못하는 유아는 교사가 대신 받아써 준다.

활동 14 내가 좋아하는 것

활동목표

- 자신의 생각과 느낌을 글로 표현한다.
- 적절한 단어를 선택하여 문장을 구성한다.

활동연령

만 4세

누리과정 관련요소

의사소통: 쓰기 – 쓰기에 관심 가지기

활동자료

'내가 좋아하는 것'을 그림으로 그리거나 글로 쓸 수 있는 종이(A4 크기)

활동방법

1. 교사는 '내가 좋아하는 것' 자료를 보여 주며 유아에게 질문한다.
   - 오늘은 내가 좋아하는 것을 그림으로 그리거나 글로 써 볼 거야.
   - 자기가 좋아하는 것이 무엇인지 생각해 보자.
2. 교사는 유아에게 좋아하는 것을 물어보며 유아들의 다양한 의견에 대해 이야기 나눈다.
   - 내가 좋아하는 색깔/동물/유치원의 놀잇감/음식/운동 등 많은 것을 생각해 보자.
   - 지금까지 이야기 나눈 것 중에서 가장 마음에 드는 것 4가지를 골라서

쓸 거야. 무엇을 쓰고 싶은지 정했니?

－○○(이)는 무엇을 쓰고 싶니?

－내가 좋아하는 것－

이름: ○○○

나는 ＿＿＿＿＿＿＿＿ 을(를) 좋아해요.

나는 ＿＿＿＿＿＿＿＿ 을(를) 좋아해요.

나는 ＿＿＿＿＿＿＿＿ 을(를) 좋아해요.

나는 ＿＿＿＿＿＿＿＿ 을(를) 좋아해요.

---

3. 유아들에게 '내가 좋아하는 것' 자료를 나누어 주고 모두 완성하면, 몇몇 유아가 앞에 나와 자신이 쓴 것을 다른 유아들에게 읽어 준다.

4. 교사는 모두 모아 〈○○반 유아들이 좋아하는 것〉으로 제목을 정하고 책처럼 묶어 도서대에 제공한다.

유의사항

* 좋아하는 것의 기준(예: 색깔, 동물 등)을 정하여 수학 활동(그래프 활동)과 연계할 수도 있다.

* 아직 글을 자유롭게 쓰지 못하는 유아는 교사가 대신 받아써 준다.

활동 15   # 글 없는 동화 '빨간 끈' 이야기 짓기

활동목표

- 자신의 생각과 느낌을 글로 표현한다.
- 해당 그림에 적절한 단어를 선택하여 문장을 구성한다.

활동연령

만 5세

누리과정 관련요소

의사소통: 쓰기 – 쓰기에 관심 가지기

활동자료

글 없는 동화책 『빨간 끈』, 빨간 털실, 흰 도화지, 필기도구와 지우개 등

※ 빨간 끈(2002). 마곳 블레어(기획), 크레그 콜손(그림), 이경우(역). (주)케이유
  니버스출판사.

활동방법

1. 글 없는 동화책 『빨간 끈』을 소개한다.
   - 오늘 우리가 같이 볼 동화책은 아주 재미있는 동화책이야.
   - 이 동화책에는 그림은 있지만 글이 없어. 어떤 내용일지 잘 생각하면서
     보자.
2. 유아들과 함께 그림을 보며 이야기를 예측한다.
   - (표지 그림을 보며) 이 그림은 어떤 모습이니?

  - (첫 장을 넘기며) 고양이가 빨간 끈을 보고 있네. 빨간 끈은 어디로 굴러
    갈까?
3. 그림을 묘사하는 유아들의 다양한 의견을 들으며 간단한 이야기 짓기를
   한다.
  - 이 그림에 이야기를 만든다면 어떤 이야기일까?
  - (다음 장을 넘기며) 다음엔 어떻게 변할까?
4. 유아에게 빨간 털실과 흰 도화지를 나누어 주고, 자신이 만든 이야기를 글
   로 쓰도록 격려한다.
  - ○○(이)는 빨간 끈으로 무엇을 만들었니?
  - ○○(이)는 어떤 이야기를 재미있게 쓰고 있니?
5. 몇몇 유아가 앞에 나와 자신이 지은 이야기를 다른 유아들에게 들려준다.
  - 누가 나와서 새로 만든 '빨간 끈' 이야기를 친구들에게 들려줄래?
6. 완성된 유아들의 작품을 모아 언어영역의 벽면에 전시하거나 책으로 엮어
   도서대에 비치한다.

활동 16 올챙이 관찰일지 쓰기

활동목표

- 올챙이의 모습과 성장에 관심을 가진다.
- 자신의 생각과 느낌을 글과 그림으로 표현한다.

활동연령

만 4~5세

누리과정 관련요소

의사소통: 쓰기 – 쓰기에 관심 가지기

　　　　　　　　 쓰기도구 사용하기

활동자료

투명한 어항 속에 있는 올챙이, 돋보기, 관찰기록지, 연필과 지우개, 색연필이
나 사인펜 등

활동방법

1. 어항 속에 있는 올챙이의 모습을 관찰하며 이야기 나눈다.
    - 올챙이는 어떻게 생겼니?
    - 어떻게 움직이니?
2. 교사는 올챙이의 움직임을 묘사하며, 유아들이 관찰기록지에 글과 그림으
    로 기록하도록 격려한다.
    - (관찰기록지를 나누어 주며) 너희가 본 올챙이의 모습을 그림으로 그리거

나 글로 써 보자.

– 올챙이가 헤엄을 치니까 꼬리가 어떻게 움직이니?

3. 며칠 후 올챙이의 모습이 어떻게 변했는지 살펴보고 관찰기록지에 내용을 추가한다.

– 지난 번 관찰했을 때와 지금의 모습은 어떻니?

– 올챙이의 모습이 어디가 어떻게 달라졌니?

4. 유아들의 관찰기록지를 모아 과학영역이나 교실 벽면에 전시하여 다른 유아들과 그 내용을 공유한다.

유의사항

* 아직 글을 자유롭게 쓰지 못하는 유아는 교사가 도와준다.
* 시간이 흐름에 따라 여러 번 관찰하고, 그것을 기록하여 『올챙이 관찰 그림책』을 만들 수도 있다.

참고문헌

강숙현(2002). 발달에 적합한 영 · 유아 평가 포커스인 포트폴리오. 파주: 교육과학사.

교육부(1996). 유아언어교육 활동자료. 교육부.

김영실, 김진영, 김소양(2006). 영유아를 위한 언어지도. 일산: 공동체.

보건복지부(2013a). 제3차 어린이집 표준보육과정. 보건복지부.

보건복지부(2013b). 제3차 어린이집 표준보육과정 해설서. 보건복지부 · 육아정책연구소.

보건복지부 · 교육과학기술부(2013a). 3-5세 연령별 누리과정. 보건복지부 · 교육과학기술부.

보건복지부 · 교육과학기술부(2013b). 3-5세 연령별 누리과정: 해설서. 보건복지부 · 교육과학기술부.

여성가족부(2005). 표준보육과정연구. 여성가족부.

오은순 , 강숙현, 박해미, 고은님, 이진희(2013). 영유아 언어교육. 파주: 양서원.

이경우(1996). 총체적 언어: 문학적 접근을 중심으로. 서울: 창지사.

이기숙, 김영실, 현은자(1993). 유아의 문자언어교육을 위한 통합적 접근법에 관한 연구. 서울: 창지사.

이숙재, 이봉선(2009). 영유아언어교육. 서울: 창지사.

이영석(1995). 한국유아의 연령별 발달 수준 확인 연구: 0세에서 만 5세 유아를 대상으로. 미래유아교육학회지, 1, 28-64.

이영자(2009). 유아 언어발달과 지도. 파주: 양서원.

이영자, 박미라(1992). 유아의 이야기 구조 개념의 발달에 관한 기초 연구. 유아교육연구, 12, 31-51.

이영자, 이종숙(1985). 비지시적 지도방법에 의한 유아의 읽기와 쓰기 행동의 발달. 덕성여대 논문집, 14, 367-402.

이영자, 이종숙(1990). 유아의 문어발달과 구어·문어 구별 능력 발달에 대한 질적 분석 연구. 유아교육연구, 10, 41-65.

이영자, 이종숙, 양옥승(1988). 유아를 위한 사회적응 행동발달 검사지 개발 연구. 유아교육연구, 8, 87-106.

이은해(1996). 아동연구방법. 파주: 교문사.

이정환, 박은혜(1995). 교사들을 위한 유아관찰 워크북. 한국어린이육영회.

이차숙, 노명완(1994). 유아언어교육. 서울: 동문사.

정영근(1999). 빌헬름 폰 훔볼트: 인간·언어·교육. 서울: 문음사.

한국유아교육학회 편(1997). 유아교육사전. 서울: 한국사전연구사.

황해익, 송연숙, 최혜진, 정혜영, 이경철, 민순영, 박순호, 송원경(2003). 유아교육기관에서의 포트폴리오 평가. 서울: 창지사.

Bandura A. (1962). Social Learning through Imitation. In M . R. Jones (Ed.), *Nebraska Symposium on Motivation*. Lincoln: University of Nebraska Press.

Bloom, L., & Lahey, M. (1978). *Language development and language disorders*. NY: John Wiley and Sons, Inc.

Bromley, K. D. (1988). *Language arts*. Boston, MA: Allyn and Bacon.

Chomsky, N. (1986). *Knowledge of language: Its nature, origin and use*. Praeger Publishers.

Dunn, L. M., & Dunn, L. M. (1981). *Peabody Picture Vocabulary test Revised*. Circle Pines, Minn: American Guidance Service.

Gullo, D. F. (1994). *Understanding Assessment and Evaluation in Early Childhood Education*. NY: Teachers College Press.

Halliday, M. A. K. (1973). *Explorations in the functions of language*. London: Edward Arnold.

Jalongo, M. R. (1992). *Early childhood language arts*. Boston, MA: Allyn & Bacon.

Lenneberg, E. (1970). The biological foundations of language. In M. Lester(ed.), *Reading in applied transformational grammar*. Holt, Rinehart and Winston, Inc.

Neuman, S. B., Copple, C., & Bredekamp, S. (2000). *Learning to read and write: Developmentally appropriate practies for young children*. Washington, DC: NAEYC.

Piaget, J. (1974). *The language and thought of the child*. New York: Meridan.

Schickedanz, J. A. (1990). *Adam's righting revolutions: One child's literacy development from infancy through grade one*. Portsmouth, NH: Heinemann Educational Books.

Schickedanz, J. A. (1995). 읽기와 쓰기를 즐기는 어린이로 기르는 방법: 유아의 읽기와 쓰기의 기초단계 이해(이영자 역). 이화여자대학교 출판부.

Schickedanz, J. A. (2002). 놀이를 통한 읽기와 쓰기의 지도: 유아의 읽기와 쓰기 기초 단계 이해(이영자 역). 이화여자대학교 출판부.

Skinner, B. F. (1957). *Verbal behavior*. NY: Appleton-Century-Crofts.

Sulzby, E. (1985). Children's emergent reading of favorite storybooks: A developmental study. *Reading Research Quarterly, 20*, 458-481.

Vygotsky, L. S. (1985). 사고와 언어(신현정 역). 서울: 성원사.

Weisgerber, J. L. (2004). 모국어와 정신형성(허발 역). 서울: 문예출판사.

저자
소개

김경의(Kim Kyungeui)
이화여자대학교 유아교육과 박사과정 수료
상아유치원 교사
현 군장대학교 유아교육과 교수
주요 저서: 유아문학의 이론과 실제(공저, 학지사, 2003)
영유아를 위한 교수매체의 이론과 실제(공저, 학지사, 2007)
영유아음악교육(공저, 양서원, 2013)

김민정(Kim Minjung)
이화여자대학교 유아교육과 박사과정 수료
서초유치원 교사
현 충청대학교 유아교육과 교수
주요 저서: 활동중심 유아사회교육(공저, 교육아카데미, 2007)

이선경(Lee Sunkyung)
이화여자대학교 유아교육과 박사과정 수료
이화여대부설 교육과학연구소 연구원
선명유치원 교사
현 국제사이버대학교 아동복지상담학과 교수
주요 저서: 보육실습(공저, 창지사, 2007)
아동건강교육(공저, 교육아카데미, 2009)
발달심리(공저, 교육아카데미, 2011)

영유아 언어지도
Language Education for Young Children

2015년 2월 27일 1판 1쇄 발행
2017년 4월 20일 1판 3쇄 발행

지은이 • 김경의 · 김민정 · 이선경
펴낸이 • 김 진 환
펴낸곳 • (주) **학지사**

　　　　04031 서울특별시 마포구 양화로 15길 20 마인드월드빌딩 5층
대표전화 • 02) 330-5114　　　팩스 • 02) 324-2345
등록번호 • 제313-2006-000265호
홈페이지 • http://www.hakjisa.co.kr
페이스북 • https://www.facebook.com/hakjisabook

ISBN 978-89-997-0543-4 93370

정가 14,000원

저자와의 협약으로 인지는 생략합니다.
파본은 구입처에서 교환하여 드립니다.

이 도서의 국립중앙도서관 출판시도서목록(CIP)은 서지정보유통지원시스템
홈페이지(http://seoji.nl.go.kr)와 국가자료공동목록시스템(http://www.nl.go.kr/kolisnet)
에서 이용하실 수 있습니다.
(CIP제어번호: CIP2015004623)

교육문화출판미디어그룹 **학지사**

학술논문서비스 **뉴논문** www.newnonmun.com
심리검사연구소 **인싸이트** www.inpsyt.co.kr
원격교육연수원 **카운피아** www.counpia.com